大学语文教学研究

王克家◎著

中国出版集团　现代出版社

图书在版编目（CIP）数据

大学语文教学研究 / 王克家著. -- 北京 ： 现代出
版社，2023.10
　　ISBN 978-7-5231-0535-1

　　Ⅰ．①大… Ⅱ．①王… Ⅲ．①大学语文课－教学研究
Ⅳ．①H193

　　中国国家版本馆CIP数据核字（2023）第178911号

著　　者　　王克家
责任编辑　　张　霆

出 版 人　　乔先彪
出版发行　　现代出版社
地　　址　　北京市安定门外安华里504号
邮政编码　　100011
电　　话　　(010) 64267325
传　　真　　(010) 64245264
网　　址　　www.1980xd.com
印　　刷　　北京四海锦诚印刷技术有限公司
开　　本　　787mm×1092mm　1/16
印　　张　　9.5
字　　数　　213千字
版　　次　　2023年10月第1版　2023年10月第1次印刷
书　　号　　ISBN 978-7-5231-0535-1
定　　价　　58.00元

前　言

随着社会的发展和变革，大学语文教学面临着新的挑战和机遇。我国大学语文教学的历史漫长、曲折，它本身就在昭示着丰富的意义，对它进行研究具有更大的价值，这种价值基于当下，更指向未来。我国大学语文教学的进程和我国社会的进程紧密相连。在我国高等教育中，大学语文教学不仅是为了向学生传授母语语言文化知识，而且在培养广大青年学子文化素养方面发挥着重要作用，因此，大学语文教学应顺应时代发展要求和满足现实需要，充分发挥大学语文教学的现实性功能。

基于此，笔者以"大学语文教学研究"为题，从三个方面进行深入探讨：首先，详细分析大学语文的理论审视、大学语文教学技能分析、大学语文教学模式构建；其次，重点研究大学语文教学策略探究、大学语文教学人才的培养；最后，从实践的角度出发，阐述生态视域下的大学语文教育、大学语文教学人文维度的深化、大学语文教学中的新思维探究、语言艺术下的大学语文教学内涵及其实践。

全书研究的每一章节都探讨一个特定的问题或是主题，旨在为教师提供可行的教学策略与方法借鉴，帮助他们更好地引导学生发展语文能力，并且使学生在语言、文化和思维层面取得全面的发展。通过研究语文教育的理论基础与实践经验，希望能够推动语文教学的创新与改进，提高学生的语文素养以及综合能力。在这个充满变革和机遇的时代，相信通过合理的方法和策略，可以共同努力，培养出更多优秀的语文学子，为社会的发展和进步贡献力量。但是，由于时间仓促，难免出现疏漏，恳请读者与相关学者批评指正。

目 录

第一章　大学语文的理论审视

第一节　大学语文的课程价值

"作为一门传统课程，大学语文在新时代国家教育方针和实施理念的发展转变中面临课程内部的调整和嬗变。"[①]语文课程的主要内容包括语言、文字和文学等内容，不仅是人们在日常生活中使用的重要工具，也是提升人们综合素质的基础课程。大学语文是大学课程体系当中十分重要的组成部分，是各个专业的大学生都需要学习的一门基础课程。大学语文教学的目的主要是让大学生掌握基本的汉语言知识，培养大学生的语言表达能力，提高大学生的文学审美素养，在大学生中间传播中华传统文化。

关于大学语文课程的概念，大学语文课程主要是普通大学面向汉语言文学专业以外的学生开设的一门文化素质教育课程。我们在理解和分析大学语文课程时，应该抓住大学语文的三个主要特征：①大学语文课程具有普遍性，汉语言文学专业以外的各专业学生都应该接受大学语文课程的学习；②开设大学语文课程的目的是提高大学生的语言文化水平；③大学语文课程也可以起到提高大学生综合素质的作用。课程价值就是指课程满足主体一定需要的属性，即课程的存在、作用及变化对于一定主体需要及其发展的适合。课程价值是课程对个体和社会发展的意义，是对个体和社会一定需要的满足。在现实的教育活动中，一门课程的价值并不是单方面的，而是一个完整的系统。可见，大学语文课程价值的概念就可以理解为大学语文课程对于主体（学生）和社会发展的意义。

一、提升学生的语文学习能力

语文课程的主要任务就是让学生能够掌握基本的阅读、表达和写作能力。大学语文课程的侧重点则是以培养学生的阅读和写作为主，因此，在大学语文课堂中，教师需要围绕阅读和写作，进一步提高学生的语文素养。

（一）提高阅读能力

目前，正处于信息化高速发展的时代，信息传播技术深刻影响着社会的生产与生活，人们的日常生活充斥着大量复杂的信息。而信息资源成为当前社会最为重要的资源之一，大学生要想适应信息社会的发展，就需要具备掌握信息工具的能力，掌握获取信息的渠道。目前，阅读仍然是人们获取信息的一条重要途径，提高大学生的阅读能力，就能够

---

① 周衡，乔芳.论新时代大学语文的课程价值及课堂革命[J].高教论坛，2021（1）：18-20.

帮助大学生在信息资源的获取方面占据主动地位。

阅读的过程就是人们在书籍和其他文字形式的资料中获取有价值信息，深入学习知识的过程。而中文资料的阅读，需要人们具备较好的语文基础。因此，大学语文课程的一项重要任务就是要让大学生在接受高等教育期间，夯实语文基础，提高阅读能力。大学语文在内容上更加丰富，语文知识更加深入，大学生在学习过程中，将会比高中阶段更透彻地理解语文知识，可以在大量的语文教材阅读练习中，提升理解能力。

大学语文教材中可阅读的作品种类多样，能够满足大学生的阅读需求。其中包含了古今中外各个国家、各个作家和各个时期的文学作品。在体裁上也包含了诗歌、小说和议论文等内容，能够进一步开阔大学生的视野，使大学生在各类文章的阅读中拓宽知识面，获取到各种类型的思想与信息。另外，在大学语文的教学过程中，教师更加注重培养大学生的阅读能力和阅读技巧，引导学生分析文章中的语句，使学生能够对课文产生更深刻的理解。大学生在教师的指导下，能够阅读更多的文学作品和书籍，在积累阅读量的前提下，逐渐掌握各类作者的思想与意境，分析作品中的主题和内容。受过阅读训练后，大学生就能够进一步提高阅读能力，可以更容易地在各类书籍中获取有价值的信息。

（二）提高写作能力

写作能力就是体现一个人文化素养的重要标志。在古代社会，文人的写作能力是进行科考和求取功名的重要保障；在现代社会，写作能力的好坏，也在一定程度上反映了人们的工作能力和表达能力。在信息时代背景下，大学生也要重视写作，要以更加精准的文字语言表达自己的思想观念。

阅读和写作体现着大学生在语文学习时的两种方向：阅读意味着信息的输入，是大学生获取外界知识的渠道；而写作代表信息的输出，是大学生向外界传达自己思想的方法。在大学生的日常学习、研究和未来的工作、交际中，都要依赖于自己的写作能力。学校中的论文写作、课题研究、毕业设计等，需要大学生用优美、精练的文字写作来完成；未来在求职过程中的简历写作，工作中各类报告、方案的写作，都需要大学生进一步提升写作能力。在信息时代背景下，即使人们的信息传播工具日新月异，但各种新工具、新媒体的使用依然离不开文字写作基础。可见，写作是大学生步入社会，掌握各种工作技巧的基础性技能。大学语文课程的一项主要任务就是要让大学生能够具备更高的写作能力，为以后各方面的学习和工作奠定文字表达的基础。

二、提升学生的创新思维能力

创新是当今社会的时代主题。在知识经济高度发展的时代背景下，人们需要不断培养自己的创新意识。一个国家和民族只有具备创新意识，不断提升创新能力，才能在激烈的国际竞争中占据主动。创新能力在一定程度上决定了国家与社会的发展潜力。当代大学生要想成为全面发展的人才，也需要具备创新意识，提升自己的创造力。

我国高校的主要任务就是为社会培养创新型人才，是为社会提供创新驱动力的重要基础。大学生群体是一批具有创造性潜力的人群，大学生思维活跃、敢于挑战、愿意接受新事物，正处于最具创新精神的成长阶段。因此，大学做好创新教育，激发大学生的创新热情，提高大学生的创新能力，对大学生未来的成长将起到很大帮助。而大学生要想激发出创新活力，除了要加强科学知识的学习，认真学好大学语文课程也十分重要。文学作品也是极富创造力的一种艺术形式，能够深刻反映不同时代作家的创新精神和想象力。大学语文的教学内容也是以这些经典的文学作品为主，其中蕴含的丰富内涵与创新精神，能够帮助大学生开阔视野，打开想象的空间。

文学作品是作家想象力与创造力的结晶。各种作品中描绘了一个个新奇瑰丽的梦幻世界，能将现实中的事物与故事进一步升华，最终成为极富魅力的文学世界。在艺术化的文学世界中，作者的思想和观念被充分地表达了出来。例如，我国古典名著《西游记》，就是一部极具想象力的作品。在这部作品中，作家吴承恩充分发挥自己的想象力和创造力，通过文字语言，创造了一个虚构的、宏大的、多彩的神话世界。今天的我们在阅读这部作品时，依然能够被《西游记》中天庭、人间和取经道路上的各个地域所吸引。在这样的充满想象力的世界中，作家创造了孙悟空这一经典的文学形象，从他的身上表达出作家强烈的反抗精神。除了古典小说以外，我国古代流传下来的诗词歌赋也能体现出文学作品无穷的想象力。唐代大诗人李白被人们称为"诗仙"，这一称号充分体现了李白诗句中的浪漫主义情怀和丰富的创造力。李白在进行诗歌创作时，充分运用自己的想象力，将现实中的事物描绘为艺术化的语言，留下了脍炙人口的名篇名句。如在《望庐山瀑布》中，李白写下了"飞流直下三千尺，疑是银河落九天"这一名句，以"三千尺"这种夸张的语言来形容瀑布的壮美，并以"银河"来比喻瀑布，生动展现了庐山瀑布的风景。

艺术想象的活动才是真正意义上的创造。文学作品的创作离不开出人意料的想象和虚构，而想象力又是培养创新意识和创新精神必不可少的前提和基础。所以，大学生在阅读和学习文学作品的过程中，不仅发散了思维、丰富了想象力，而且他们的创新意识和创新能力也在潜移默化中得到了培养和提升。

三、提升学生的人文素养

我国各类大学的主要任务就是为社会培养全面发展的人才。大学生素质的全面发展，不仅需要掌握一定的知识基础和专业技能，还需要具备正确的价值观和较高的人文素质。最终实现个人在思想、能力、道德素养和审美水平上的全面发展，具备积极向上的精神面貌。高校中的大学语文课程就是最为基础的人文教育课程。学习大学语文，有助于大学生提高自己的文化底蕴、思想境界和道德水平，树立正确的价值观，养成良好的精神面貌。

（一）提升道德水平

随着我国市场经济的快速发展和社会发展程度的提高，当代大学生的生活状态和生活习惯也发生了巨大改变。而社会中文化与思想观念的多元化，也对大学生的精神面貌带来了深刻影响。从积极意义来看，生活水平的提高和思想意识的解放，让当代大学生更加具备独立意识，使大学生思维更加活跃，更富有创造性。

大学开设的每门课程都承载着德育的使命，大学语文课程在德育方面更是有着得天独厚的条件。大学语文课程的教学形式多样，内容丰富，选取的作品都是优秀文学宝库中蕴含着真、善、美的经典之作。

例如，《大学》里提道："物格而后知至，知至而后意诚，意诚而后心正，心正而后身修，身修而后家齐，家齐而后国治，国治而后天下平。自天子以至于庶人，壹是皆以修身为本。"这段话主要是说修身要从"格物"入手，由"格物"而"致知"，经过几个发展阶段后最终拥有平天下的能力。上至天子，下至百姓，都应以修身为本。从中可明确地看出作者对于修养自身道德的强调和重视，这是值得当代人在提高自身修养、完善自我道德、建设精神文明时借鉴的。又如，我国唐代小说《柳毅传》中的主人公柳毅，他不仅路见不平挺身相助，一诺千金，而且功成不居。特别是与钱塘君的摩擦，更凸显出他"威武不能屈"的侠情，让读者不禁被其高尚的品格和道德情操所触动、所感染。事实上，无论是先秦的诸子散文还是后来的明清小说、"五四"文学，抑或当代的优秀文学作品，都包含着中华民族优秀的道德品质和民族精神。因此对大学语文课程全面、系统的学习，可以使文学作品中优秀的道德品质、高尚的道德情操来更好地指引和激励大学生提高自身的道德修养和精神境界，最终实现道德品质的升华。

（二）提升心理素质

大学语文课程作为大学教育的一部分，在给学生传授知识的同时，也对学生的心理产生着潜移默化的影响。大学语文教材的内容基本上都是由古今中外的经典文学作品组成的，这些作品中蕴含着世界上最伟大的精神和品格，对于正处于人生转型期的大学生有着非常重要的影响。

例如，《论语》中的子曰："己所不欲，勿施于人。"教育人们要学会尊重他人，不能勉强别人做自己不想做的事。孔子曾说过："不怨天，不尤人，下学而上达，知我者其天乎！"告诉我们身处逆境时要学会自立，而不是怨天尤人。又如，在史铁生的《我与地坛》中，作者更是通过自身的经历和感悟告诉我们：面对生命中的苦难，不仅要顽强地活下去，而且还要活得有价值、有意义。田园派诗人陶渊明在其作品中将田园风光、自然美景表现得淋漓尽致，让读者的心也随着作者生动的笔触而变得清净安宁、悠然自得。由此可见，大学语文课程能够入情入理地对大学生的心理素质产生积极的影响。

第二节　大学语文的本质特性

一、基础性

在基础教育阶段，无论语文课程目标发生多少变化，语文教学都不应偏离语文能力培养这一重心。语文能力是有层次的，即有高低、文野、雅俗之别。而大学语文学科所要培养的语文能力则着重于规范的、基础的能力。这种能力是语文能力向高层次发展的基础，也是学生学习其他学科的基础，更是他们将来走向社会生活的基础。这样，大学语文学科要培养的语文能力便成为学生个体发展所必不可少的基础。为确保这种全面的基础性，防止出现专业性语文学习的倾向，语文教材必须是基本的、规范的。即过难或过易的教材，过高或过低的要求，过深或过浅的讲解，过粗或过细的赏析，过繁或过简的训练等，之所以不宜于语文教学，就是因为它们在功能上不同程度地背离了语文学科全面的基础性。

语文教材的内容必须符合我国语文的整体性特点：西方语言是以词的变化规定对象的，如性、数、格、人称、时态等；而汉语则是整体定位，从词到句子，意义都要在一定的语言环境中决定。中国的古诗没有标点，古文不分段，诗和文章的意义主要从整体上把握。知道的整体越多，了解的个体就越多。因此，语文学习绝不能照搬西方的学习方法，必须从我们自己的语言特点出发，将文章看成一个有机的整体，把握文章部分与整体、部分与部分之间的联系，而不能脱离文章整体单纯就句子学句子，就段落学段落。

总而言之，就其最终目的来看，语文学科具有广泛的社会应用性；就其突出的个性来看，语文学科具有深刻的审美移情性；就其重要地位来看，语文学科具有全面的基础性。这些特性决定了语文学习方法具有很强的实践特征，其过程具有潜移默化的特征，其程序具有从整体到局部的特征。

二、审美移情性

无论从培养目标还是课程内容考查，审美是语文学科的功能之一。当下，不管人们把"语文"理解成语言文字、语言文章、语言文学还是语言文化，它的内容构成都离不开语言和言语作品。语言是工具，是人们用来表情、达意、载道的社会交际工具。但语言的运用是凭借言语进行的，包括言语行为和言语作品。要让学生掌握语言这一工具，最好的途径就是让他们凭借言语作品去学习，去感悟。一般而言，语文是工具，并不是像一些论者所描述的那样必然会否定人文。"语文是一门学习语言文字运用的实践性课程。"[①]

---

① 荣维东．语用性：语文课程的本质特性［J］．福建基础教育研究，2020（10）：37-40.

事实上，许多教师理解语文是工具，讲解语文的工具性，都把它定位于人类交际的工具、思维的工具、传承文化的工具，这里的工具，就明显地包含了人文的内容。语文教材一般都是典范的文质兼美的言语作品，这些言语作品又都是作家运用语言表情、达意、载道的结果。

学生要了解和掌握运用语言的法则和规律，必须对这些言语作品认真地阅读、品味，研究是怎样"表""达"和"载"的，这一过程使他们既无法，也不应回避"情""意"和"道"。同时，学生掌握这些法则和规律全在于应用和交际，他们必须具有明确的认识、健康的情感和端正的品德。这些作品中的"情""意""道"，学生"明确的认识、健康的情感和端正的品德"都属于"人文"的范畴，法则与内容结合，学习和应用才能成功。因此，语文教育中"情""意""道"绝非外加的，加强人文熏陶、审美教育和价值观引导等是语文教育的题中应有之义。与其他学科相比，语文学科更应注重情、意等"人文"因素。因此对言语作品的学习应注重品位，潜移默化，通过语文教学本身固有的"审美移情"特点来提高语文学习的效率。在应用语言的"言语行为"中，注重自然流露和因势利导，使学习与育人融为一体。

语文教学在纠正了"政治课"的偏向之后，特别强调"工具性"，因而掩盖了汉语应有的人文性。这表现为对客体的语言，特别是语法知识等比较重视，而对作为学习主体的人则有所忽视，例如语感的培养就没有得到应有的重视。语感是人所特有的对语言的精神感觉，能使人直觉地感知、把握作用于他的语言信息的形象和意义，从而在听、说、读、写中能不假思索地对其正误、是非、美丑等准确而又迅速地作出判断，做到一听就清楚，一看就明白，一开口、一下笔就自然而然地说成、写成那个样子。这是人把握语言的一种特殊结构，一种特殊能力。对于"人治"的汉语来说，离开了语感就几乎寸步难行。语文教育的任务之一就是要把文质兼美的课文语言通过审美移情对象化为学生的语感，培养以语感为核心的听、说、读、写能力。所以汉语学习的特殊之处主要不是"知"的积累，而是"感"的积淀，它不可能突飞猛进，而只能潜移默化，语文学科的移情性由此而显得特别重要。

三、社会应用性

语言是人类交际的工具，因此语言运用随处可见，语文知识到处可学，语文能力随时可练。但这种社会的"大语文"学习毕竟是自发的，所获得的语文能力并不都是有效的。语文教学挑选典型规范的言语作品作为教材的主体，意在通过定向的规范的语文实践，让学生集中地高效率地学习语文知识，培养语文能力，这就是"小语文"学习。"大语文"与"小语文"的结合，要求大学语文教育必须突出听、说、读、写等言语实践活动，增强语文的应用性。做到在学习中应用，在应用中学习。语文学习中这种应用的及时性与广泛性是任何其他学科所不能相比的。

语文教学要培养学生听、说、读、写的能力，但听、说、读、写宜并重，却并非平均分配。从语言的学习规律看，总是先口头语言，后书面语言。较之口头语言，书面语言更规范，具有简洁、准确、精密和完善等优点，所以学习起来也更困难一些。学习书面语言，首先要识字。即要认识作为表意文字的方块汉字。由于汉语书面语言与口头语言距离较远，因此，学生学习书面语言要比学习口头语言费力、费时更多。语文教学要求学生不只听懂、会说一般的口头语言，而且要具有相当的口语交际水平；语文教学要求学生不只阅读简洁、准确、精密、完善的书面语言，而且也能用简洁、准确、精密、完善的书面语言写作。当两者的融合在"小语文"的课堂出现之日，正是"出口成章"这一社会"大语文"目标的达成之时。

第三节　大学语文的育人模式

一、理论育人模式

（一）将基本概念、理论、规律导入语文教学模式

大学语文教材不论哪种版本都有厚重的一本，但再厚，所选范文只是古今中外文学与文章宝库中极其有限的一部分，它们是优秀的、典型的、有代表性的，然而又是个别的、零散的、各具特点的。即使教师把这一本教材中的所有文章都讲一遍，学生懂得的顶多也只是这百八十篇，不能够向更广阔的领域拓展，何况靠极少的课时根本不可能把教材中的文章讲完。"大学语文蕴含丰富的思政教育资源，兼具基础性、工具性、人文性等多种教育功能，在育人方面具有得天独厚的优势。"[①]文学之美妙、文化之博大，不是教师讲出来的，而是学生读出来的、悟出来的；学生水平之提高、知识之积累，不是教师讲出来的，而是学生学出来的、练出来的。至于适应全球经济一体化的个性发展、迁移能力、创新能力和生存能力的培养就更不是教师对着课文一篇篇"灌"出来的。但是，学生的读和学以及诸种能力之养成，必须有一定的理论指导。我们虽然处在知识爆炸、信息爆炸的年代，但是学科的基本框架、基本范式是相对稳定的。因此，课程内容应当依据这种基本框架、范式来安排，注重形成课程结构的基本概念、基本原理、基本规律。没有理论的教学是浅层次的教学，没有理论的学习也是浅层次的学习。

这里说的基本概念、基本理论、基本规律是就文学的性质而言的，文学是一种语言的艺术，是通过文学化的语言来描写人物、讲述故事和反映现实，同时还需要表达作家的思想和情感。因此，从语言上看，文学与其他语言类的研究著作有着很大区别，文学是对语言的品味而不是对语言进行释义，文学语言具有情感、审美和象征等方面的表达特点。而语言类的研究著作的主要功能是分析语言的基本意义，是人们理解语言本质的工具。

---

① 乔军豫. 课改视域下大学语文课程思政探析 [J]. 林区教学，2021（10）：27-30.

大学语文课程的教学目标是让学生能够品味语言，借助文学语言来感受文学作品的意义和价值，从而发掘文学作品中的思想与情感。文学语言、文学形象与思想情感就是语文教学的基本概念、理论和规律。语言、形象、情感三者的结合，才是大学语文教学的主要内容，三者的搭配与组合，又会产生许多更加具体的教学内容。学生通过加深对大学语文中体现的语言、形象、情感内容的理解，就能够掌握基本的阅读和写作的方法。教师在进行大学语文的授课过程中，也应根据基本概念、理论和规律，探索语文课堂的教学方法。通过正确的方法，才能实现语文教学的目标。

（二）以一带十育人模式

在大学语文课堂中，教师要发挥教学中的主导作用，通过自己对语文的理解，带动大学生掌握语文学习的知识与技巧。在教学过程中，教师需要掌握正确的教学方法，发挥以一带十的作用。能够在有限的课堂教学中，让学生掌握更多的语文学习办法。通过一种知识的传播，扩展学生知识面，获取更多的信息。

第一，以语文的基本概念、理论、规律为主线，在语文课堂中让学生理解语文的本质内涵。在具体的教学内容中，不断拓展语文知识，起到条理有序的效果。

第二，变单篇教学为单元教学。教师要将语文的单篇课文整理为不同的单元，在教学中充分运用以一带十的方法，让学生以单元为基础，充分理解语文知识。具体来说，就是通过一些具有代表性的语文课文，带动具有相同规律的文学作品。

第三，用理论指导阅读学习，由课上向课下延伸，解决课时少内容多的矛盾，一本教材可视具体情况分为四个层面：第一层面，由教师用基本理论、基本规律带领学生在课堂上着重探讨评析；第二层面，花相对少一点的精力时间在课堂上评析；第三层面，教师做一点提示，让学生在课下品味；第四层面，由学生课外自由阅读。

二、情感育人模式

语文同其他强调理性和逻辑性的学科不同的是，语文具有情感性。表达作者的情感，是文学语言最为典型的特征之一，这也使得语文与其他社会学科区分开来。学生要想理解语文，除了要具备理性思维之外，还应具有感性思维，能够从文学的字里行间充分体会到作者传达出的情感。人们在学习语文的时候，也是从感性角度吸收文学语言中承载的文化内涵，欣赏文字之美，同时从中体会各个时代背景下的作家表达情感的方法。

大学在培养全面发展的人才过程中，不仅要培养掌握高技术和高智商的理性人才，也要让大学生具备情商，懂得理解其他人的情感表达，也要让自己拥有丰富的情感。并且在语文的学习中培养发现美、欣赏美的能力。因此，大学语文的教学要注重以情感育人，要让大学生在文学阅读和文学理解中，养成对人与社会的热心、爱心和同情心，并从中获得道德、情感和美感方面的提升。

（一）培养学生的道德感

从本质上而言，文学是关于人的学科，文学语言所描述的就是人的本性，同时也包含人与人、人与社会、人与自然之间的相互关系，并从中发掘人性中的善恶美丑，也展现人的性格与命运、人在社会环境中的生存状态。大学生在语文学习的过程中，能够看到人世间的生活百态，从中体会人生的意义和价值。在与文学作品中的人物产生共情的过程中，大学生能够充分感受到自然、社会对人的影响，从而获得道德与情感方面的成长。因此，通过大学语文教育，大学生将提高自己的人文素养和人文精神，使大学生的人格更加完善，人生道路更具有价值。

在大学语文教学过程中，语文教师应充分利用文学的优势，培养学生的道德与情感，通过历史与当代的那些优秀作家和优秀作品来感染学生，让学生能与作家、作品及作品中的人物产生共鸣。

在大学语文教学中，教师不应该仅从作品出发，让学生理解作品中的精神内涵。也要将作品与作家的生平及创作背景结合起来进行教学。通过作品和史料，教师应该将作家所处的社会环境和作家经历的人生境遇融合起来，向学生还原一个具有丰富人格特征的人，使学生通过作家来深刻理解作品。这样才能从作品中得到更多启示，理解作家的精神追求。因此，通过作家的人格去理解作品，通过作品传达的内容去认识作家，将对大学生培养高尚的人格、建立优秀的道德与情感具有积极作用。许多大学生正是从苏轼、鲁迅等一批优秀作家中，体会到了人生的意义，知道了如何面对人生中的困境。

（二）培养学生的美感

文学是一种通过语言来传达美的艺术形式，只有语言之妙，才能体现文学之美。在大学语文的教学中，教师不仅要带领学生理解语言的意义，更要让学生能够具有品味语言的能力。文学语言不仅具有逻辑性和科学性，其中更多蕴含的是抽象性、象征性，甚至是模糊性，对于美的表达具有一种无法言说的特点。大学生只有通过反复品味、心神体会，才能感受文学中的美，提升自己的美感。

第一，品味语言就是品味作品美的情感。文学中的美感充满着人文关怀，具有情感意义，会通过感染读者来传达美的价值。因此，无论是教师与学生，都会在品味文学语言的过程中，被作品中的一些语句、情节或人物的命运所感动，从感动中品味到作家流露出的情感。在品味语言的过程中，如果只用绝对的理性去理解，则无法体验作品中的美感与意义，教师和学生最后只能得到一段段冷冰冰的文字。

第二，品味语言就是品味作品美的意蕴。文学作品都具有很深的内涵和意蕴，在外在的语言下，包含着无穷无尽的感情和内容。要想理解这些深层次的意蕴，只有通过对语言的反复琢磨才能得到感悟。

第三，品味语言就是品味作品美的画面。文学是语言的艺术，文学的形象与画面是用语言画就的。阅读欣赏文学作品就是要通过想象将语言文字还原成可视、可听的形象与画面，进而置身于这画面之中，去感受、去体验、去领略。

三、向外延伸育人模式

第一，课内外结合处理教材。在通览整本教材的基础上，将教材的篇目分为四个层面，采用四种不同的处理方法：第一层面的篇目由教师在课堂上带领学生精读；第二层面的篇目由教师指导学生略读；第三层面属于举一反三、以点带面的作品，可作为第一层面和第二层面篇目的佐证或例子提及，由学生课下根据教师的要求或点拨阅读；剩下的篇目属于第四层面，由学生课外自由阅读。教师至少对前面三个层面的篇目应有明确的目标，并纳入自主考试的要求之中。这样处理教材，实现了教材处理的最优化，避免了教材资源因课时少而造成的浪费，也使学生能最大限度地利用教材增加阅读量，扩大视野，积累新信息。

第二，将教材内容向课下拓展。许多教学内容可以让学生依靠图书馆和网络独立或协作完成，如与课文相关的某些资料、典故等。

第三，学生上讲台。学生上讲台虽不是什么创新的方式，但要真正取得效果并不是很容易的事。教师必须事先布置内容，提出要求，让学生课后去准备，准备得越充分效果就越好。例如，组织学生上讲台，由于事先准备充分，课堂常会出现同学们争相上台的情景，而且所讲都有一定质量。学生讲述后，应要求没有上台的同学进行评点。

第四节　大学语文的教育理念变迁

"在目前通行的大学语文教材中，古诗文篇目至少都占据半壁江山，甚至达到三分之二以上——这不但缘于古诗文在大学语文教学中具有不可轻视的意义与价值"[①]，还有一定的历史原因——追溯起来，大学语文课的前身"大一国文"就以古文为重，要切实提高学生的语文水平，在教学篇目的选择上理应古典与现代并重。鉴于古诗文教学一直在大学语文教学中受到重视，多数教师对其积累了相当丰富的教学经验。

一、依托"母语高等教育"理念

"母语高等教育"的定位，"好文章"的选文理念适用于整个课程，"母语"和"文"

---

① 何英，牛景丽．感受百年母语变迁　体悟优雅汉语表达——漫谈大学语文现代文教学［J］．河北工业大学学报（社会科学版），2012，4（2）：16-20.

要始终作为大学语文教学的中心。就现代文教学而言，大学语文教师不但要着力从文章体裁、语言风格、表达效果等方面对选文深入分析，还应对百年来母语的现代发展与变革有大体的了解，对当下的语文生活、热点语文现象多一份敏感和持续的关注。与有着几千年历史的"文"的古代传统相比，现代之"文"无疑是稚嫩的，但其中积淀着几代人为了更好地传达自身的现代体验而呕心沥血的母语开掘——大量典范的白话文作品。这里既有文学佳作，也有应用文章；既有汉语原创，也有经典汉译，已逐渐形成了不容忽视的"文"的现代传统。它既与文的古代传统密切相关，又呈现出新的特色，且生生不息，日新月异。

二、纵横比较，凸显母语新变

母语的现代转化缘于近现代以来在中外文化的交流中，国人对传统语言、文化的审视反思，对外来语汇、思想的译介汲取，新境遇、新思维、新体验催生了新文化、新思想、新语言，白话逐渐取代文言成为社会的主流语言，与之相应，白话文逐渐取代文言文成为书面表达的主流。虽然白话和文言在词汇、句法等方面有诸多不同，但记录白话和文言的符号都是汉字，即便白话文与口语有更密切的关联，却毕竟还是依托汉字存在的"文"，而中国古代文人对汉字书写潜能的开掘大半凝结在文言文中，所以现代文的发展不可能与有着几千年书写历史的文言文切断关联。如上所言，母语的现代转化与近现代大规模的汉译活动密切相关——如汉语的欧化在五四时期就屡屡被人提及，所以考查现代文的成绩，文言文与外国文其实是两个不可忽视的重要方面。此外，"好文章"也需要在与日常的一般语文的比较中彰显其经典性，所以，纵横比较，母语的成长、现代"文"的特色才能凸显出来。

（一）关注文章语言形态

现代文的语言资源非常丰富，文言与白话，方言与外来语无不可用，大多数文章自然都是供阅读的，但根据主要诉诸听觉的演讲、报告整理成的"好文章"亦数量可观，这样，"文"与"白""土"与"洋"、书面与口头，形成了现代文丰富多样的语言形态，它反映着作者的语言习惯，关联着具体的表达诉求，更直接影响着文章的表达效果。

文言和现代汉语虽然差别很大，却又有剪不断的关系。两者同源异流，现代汉语不管怎样发展变化，总不能不保留一些最初的面貌，因而，现代汉语同文言总会有或多或少的相似（表现在词汇和句法方面）。专从表达方面着眼，文言的财富比现代汉语雄厚，现代汉语想增加表达能力，应该到文言那里吸收营养。文言修辞工巧、言简义丰，现代文如能适当采用，当力避高古生僻，而求浅易生动，那么将会在流畅自然之外增一分典雅、庄重。

（二）关注作者语文思想

这里的语文思想指的是对汉语、汉字、修辞、文体、语言理论、篇章结构、文章技法、文学鉴赏等各类语文问题的有启发性的观点。大学语文因为面对的不是中文专业的学生，所以课堂上不必（也不允许）花费太多的时间系统地讨论相关理论问题。但是，教学过程中如能适时适度地引入一些理论问题，不但能够加深学生对中国语文特色的理解体会，而且有助于培养学生的问题意识、探究能力——这是当前的大学教育中特别需要加强的。

在笔者看来，大学语文教学中理论问题的引入虽然有很多方式，但特别简单易行的是引介相关作者的语文思想：第一，作者简介原本就是教学内容中的一项，只不过通常教师是以作家生平、主要成就等作为介绍的主要内容，未必突出其语文思想；第二，结合作者的语文思想来考查其写作实践（即对教材相关选文展开分析）很容易抓住特色。

（三）拓展学生语文视野

语文关联着我们生活的方方面面，世界有多大，语文就有多大；人生有多长，语文就有多长。语文学习是我们一生的功课，语文能力当然很难靠有限的课堂教学迅速提高。但也正是如此，作为学校语文教育的最后一站，大学语文教师必须有所作为：我们不但要让每一堂课都充实精彩，还要尝试着去拓展学生的语文视野，让他们看到更丰富的学习资源，步入更广阔的语文生活。

拓宽学习的语文视野，可采取以下三种方式：

第一，尝试沟通母语与外语学习。在现代文教学中，可在解析具体汉译作品的基础上向学生推介优秀翻译家的优秀译作，倡导双语阅读，分享阅读心得——可在课余组织学生讨论交流，亦可利用网络教学平台为学生提供交流空间。

第二，引导学生从语文视角审视自己的专业阅读材料。在目前的大学专业教育体制下，要求所有学生，尤其是理工科学生大量阅读文学乃至人文社科类书籍是有相当困难的，各个专业开列的参考书在反映母语文化的深度和广度上当然不及文化、语言、文学类的著作，但不论是教科书、论文还是专业著作，无不需要准确、规范、严谨的语文表达，这也正是学生特别需要的语文能力。况且，每个领域都有语文素养高深的学者，甚至是大师级的人物，良好的母语修养不但让他们的专业表达更顺畅，也让他们的思想更丰富，生活更多彩，他们的母语表达甚至他们的存在本身都是很好的学习材料。

第三，引导学生关注社会语文问题。当代语文热点问题令人目不暇接，当然也就更便于对比母语的经典与时尚，对接语文的社会与课堂，深化学生的"大语文"意识和独立思考能力。

上述三个方面其实多有关联，甚至互有交叉，增强学生对"好文章"表达效果的体会，进而激发其对母语阅读与写作的深入思考与浓厚兴趣，这样才能将大学语文的课堂教学进一步延伸，使学生在课下对"好文章"沉潜涵泳，从而逐步让母语的优雅从先贤的笔端注入自己的心胸。

第二章 大学语文教学技能分析

第一节 大学语文教学的准备技能

一、正确认识大学语文教学课程

（一）教学大纲

"大学语文是高等院校普遍开设的一门人文素质教育必修课。"[①] 大学语文教学大纲是各个高校根据自己的实际教学情况而制定的，但是在课程性质和目标表述上大多数大同小异。课程性质往往表述为：大学语文课是高等教育的基础学科之一，是除汉语言文学专业学生外，面向文、理、工、商、农、医、法等各类学生开设的。

大学语文关注社会和个人对文化以及人文精神的追求，关怀人类的终极命运。大学语文教育必须将科学教育与人文教育相互融合，既弘扬科学精神，也弘扬人文精神。大学语文通过对中华民族的语言文化传统的学习与训练，培养学生阅读、写作、独立思考和理性分析的能力，培养讲文明、有道德、有社会责任心的高素质人才，要让学生通过对中华民族优秀文化的学习、了解、思考和批判，从中汲取奋起自新、自强不息、兼容并蓄、改革创新的民族精神，促进中华优秀文化向学生心理品质和思想道德的潜移默化的注入。尤其在改革开放不断深入的今天，中西思潮激荡，传统与现代并存，我们唯有根植于自己的历史文化和优良传统，才能赢得现在与未来。大学语文培养学生的科学精神和思维创新习惯、获取新知识的能力、分析和解决问题的能力、语言文字表达能力及团结协作和社会活动的能力，激励广大学生继承中华民族的优良传统，传承民族文化，弘扬民族精神，把自己培养成新世纪高素质的优秀人才。这是大学语文的教学目标。

（二）语文教材

第一，要具备三个必不可少的条件。一是要转变教育思想观念，认识课程与教学的关系。大学语文是一门重要的人文素质教育课程，它力图在一个更高的层次上帮助修课的学生改善其语言表达、交流与沟通能力。大学语文课程不同于中文专业课程，它要面对全体学生。它不是简单的写作训练，也不是文学史知识的压缩本和思想文化启蒙讲堂，更不

[①] 李军,隆滟,陈茜,等. 大学语文课程建设与课堂教学实践探索［J］. 西安文理学院学报（社会科学版）,2022,25（1）: 79-82.

是纯粹的文学鉴赏，而应是程度不同地包含了上述内容。二是突出对"好文章"的引导性、示范性解读，达到举一反三、触类旁通的效果。教师要具有深厚的文学文化、语言文字、阅读写作等功底，深入浅出、潜移默化地熏陶和感染学生，从而全面提高其语文素养。三是要有责任心，愿意刻苦钻研教材，精益求精。学无止境，艺无止境，教学无止境，教师要常教常新。

第二，要注意四个方面：①统观全教材，明确编辑体例，了解编辑意图；②熟悉整册课本，明确该册的教学重点和难点；③钻研教材内容，研究教学策略；④灵活处理教材。

二、设置教学目标

（一）设置教学目标的意义

教学目标是指具体教学活动所要达到的要求或标准，它是教学活动的出发点和归宿点，也是教学设计系统的灵魂和核心。因此，设计教学目标是教学设计首先要考虑的问题。设计教学目标的意义主要在于导学、导教和导评。

第一，导学。教学目标是学生进行学习活动的指南，学生在既定教学目标指引下进行学习，并将教学目标化为自己的学习目标，从而产生强烈的主体意识和参与意识。在学习过程中，目标导向的教学测量和评估，也会给学生提供如何学习的重要消息，并使其反思自己的学习活动，选择相应的学习方法，进行自我评价、自我激励和自我调控，不断增强学习效果。

第二，导教。教学目标是教师确定教学内容、选择教学方法、安排学习材料、调控教学环境等的基本依据，它决定着教学活动的走向、进程和要达到的预期效果。大学语文教学的主要目标有二：①培养和增强学生正确理解和使用语言文字的能力，以帮助其适应未来社会激烈竞争的需要；②提高和丰富学生的文化修养，以塑造其完美人格，为建设我国新时期的精神文明服务。有具体的教学目标，就能调控教学活动，厘清教学思路，选择理想的教学策略、教学媒体，以便低耗高效地组织教学。

第三，导评。教学目标是检测与评价教学效果的重要根据。无论是在教学过程中进行的形成性评价还是在教学终点实施的总结性评价，其标准都是教学目标。教学目标具体规定了教学活动的预期效果和质量要求，是教学评价的基本尺度。

（二）设置教学目标的步骤

第一，把握大学语文教学大纲。大学语文教学大纲明确规定了大学语文课程的性质、目标、内容的框架，并提出了教学和评价建议，体现了对学生在知识和技能、情感态度和价值观等方面的基本要求，教材则是教学大纲的丰富和具体化。教学目标设计应立足于对大学语文教学大纲和教材的认真分析和整体把握上。大学语文教学大纲注重目标和内容的统一，针对具体教学目标的教学内容的选择会更科学、更实用。厘清教学内容的基本结构和知识体系，分析某一特定内容在整个知识体系中的位置和作用，看其可以培养学生哪些方面的能力以及这些能力对学生发展的促进意义，能够为设计教学目标提供理论依据。

第二，分析学生的学习状态。任何目标的达到都需要一定的内部因素和外部因素，而内部因素起着决定作用。因此，教学目标的确定受制于学生的学习准备情况和学习特点。对于学生的学习准备情况要从知识、能力和情感等方面来考虑，以设计适合学生学习特点的教学目标。教学目标设计还要充分顾及学生学习的现实状态和理想状态之间的差距，揭示教学中存在的问题，剖析问题存在的主要原因，寻求问题的解决方式，以此来制订相应的发展计划，为设计目标提供现实依据。

三、设置教学起点

（一）设置教学起点的意义

教学起点设计是大学语文教学设计过程中的主要内容之一。确定教学起点，需要对学生的起点行为作出合乎实际的分析。起点行为是指教学开始之前学生所掌握的知识技能，通常是指与学习新课题有关的、不可或缺的知识技能，这是开展教学活动的基础。确定教学起点，对于整个教学设计有着重要的意义，具体来说有以下四个方面：

第一，有利于教师准确地把握学生的现实状况。教学起点的确定是以学生现有的知识技能为依据的，起点的高低应充分考虑到学生的接受能力，以能激发起学习兴趣、促进学生正常发展为标准。只有准确全面地了解学生，教师方能正确制定教学目标，选择教学内容，安排好教学进程，保证教学活动在恰当的起点之上顺利展开。

第二，有助于教师确定教学难点。教学难点就是学生掌握知识和技能的困难所在。在从教学起点达到终点目标的全过程中，教师应根据学生知识和技能的薄弱环节，有针对性地选择教学策略与教学方法，激发学生学习的兴趣、学好的信心，促使他们主动参与，攻破难点，建构起点行为与新知学习的内在联系。

第三，为教学活动顺利展开提供良好开端和基本框架。教学任务分析从重点目标入手，一步步地逆向剖析，直至起始目标的实现。从教学起点到终点目标，是在一定的内在条件与外在条件共同作用下逐步达到的。此过程中呈现的从属目标和知识、技能正是各阶段教学的具体目标，这些从属的具体目标便成为教学活动展开的基本框架。

第四，为甄别个体差异、因材施教提供依据与保障。通过起点分析，教师可以把握已经确定的教学起点上的某一学生的准备状况，并在教学活动开始之前，对其采取某种补救措施。

（二）设置教学起点的步骤

第一，进行起点行为分析和学习任务分析。确定教学起点的依据：①起点行为分析；②学习任务分析。通过起点行为分析，可以了解学生学习之前已具有的知识、技能和态度。通过学习任务分析，可以明确达到终点目标的各阶段应掌握的知识和技能。

第二，进行预备测验和目标测验。预备测验就是预备知识测验和技能测验，所测验的内容常是前一阶段的学习内容，所以有人称其为后测。后测的目的是帮助教师确定哪些地方没有达到应有的教学效果，并了解学生是否掌握了新的知识与技能。设计者在教学分析图上设定一个教学起点，将起点以下的知识与技能定位为预备知识，并以此为根据编写测验题。预备测验既可检验前段学习效果，又可了解起点行为的水平，可成为设计教学起点的实践依据。

目标测验是为了解学生对目标知识和技能的掌握程度而进行的测验。这样的测验是在学习新知之前进行的，所以有人称之为前测。前测的作用主要是确定学生已掌握了多少将要学习的知识、技能。它不仅能使教师了解学生的起点行为水平，以便更好地把握教学的重点或难点，还可通过预测和终结性测验的成绩对比，给教学提供一个适当的起点，有效地建立起新旧知识的联系。

第三，了解学生的知识，技能水平及学生对新学内容的态度起点分析。除必要条件分析外，还要进行与新知学习有关的支持性条件分析，目的在于了解学生对新学知识技能的掌握和对所习内容的态度。态度起点分析包括：①分析知识结构，合理的知识结构是进一步理解新知的前提；②分析已有技能的熟练程度，不同的教学起点对技能熟练程度的要求不同；③分析学习态度，学习态度同样会影响教学效果，这里说的学习态度包括学生的兴趣、自信、动机等，它是一种比较稳定的学习倾向。学习态度的个体倾向性直接影响着个体的学习效果。这些因素是构成学生现实学习水平的主要方面。此外，个体的认知发展水平以及智力差异，也同样是设计者需要了解的。

第四，确定或调整教学起点。通过测验可了解教学起点确定得是否恰当，是否应作调整。此外，还可选择问卷、谈话、观察、课堂提问、作业、考试等多种方法，识别学生的起点行为，了解学生的学习现状，合理设计教学起点。

四、设置教学内容

（一）设置教学内容的意义

设计教学内容的过程就是教师认真钻研与分析教材，精心选择与整理教学内容，合理安排、呈现知识结构的过程。设计教学内容是教学设计的一项重要任务。其意义在于以下两个方面：

第一，教学内容是教学目标得以实现的载体。教学内容选择的范围、角度以及呈现方式分别承载着知识目标、技能目标和情感目标。只有在一定知识、技能的体系内选择具有代表性的内容，并在充分把握学生较稳定的个体倾向性的基础上进行教学，才能达到预期的目标。因此，选择适当的教学内容，是实现教学目标的必要一环。

第二，教学内容是准备学习材料、安排环境和选择教学条件的依据。教学目标虽然决定着学习材料、环境和教学条件的选择，但这种决定作用是通过内容的具体要求而实现的。教学内容为这三方面的设计确定了方向，也为教学目标的具体化奠定了基础。

（二）设置教学内容的方法与步骤

1. 教学内容分析

（1）步骤分解。内容分析是将内容分解成学生为完成学习任务而必须执行的不可逾越的步骤。它既包括观察步骤，又包括心理步骤。在此过程中，设计者应着重分析学生需要学习哪些知识和技能，应达到何种程度，培养怎样的能力和态度，使其身心获得怎样的发展等，既要观察到行为的变化，也要察觉到心理流程。

（2）条件分析。条件分析主要是指对某一内容所需的前提条件进行分析。它分为外部情境条件分析和内部情境条件分析，可以使设计者心中有数，了解完成整体教学内容需要哪些必要的前提条件、这些条件所需要的教学资源是否具备等。有时不仅涉及必要的前提条件，还应考虑到支持性的前提条件。学生的动机、态度等支持性条件对教学内容的完成能起促进作用。

内容分析的目的是明确实际需要学习的知识项目，厘清教材的知识体系。知识体系是指各项知识之间的结构关系，如列出与新课学习相关的概念、事实，把所列内容理出顺序、排出急缓次序等，为内容设计打下基础。

2. 教学知识分类

从教学内容设计角度，知识可划分为陈述性知识、程序性知识和策略性知识。设计者应根据不同类型知识学习的特点来设计教学内容。

（1）陈述性知识学习。陈述性知识是有关"是什么"的知识，主要通过理解和记忆来获得。美国教育心理学家奥苏伯尔将陈述性知识学习分为符号表征学习、概念学习和命题学习三类。

第一，符号表征学习。符号表征学习是有关事物的名称或符号意义的学习，它的主要内容是词汇学习，即记忆事物的符号和符号代表的个别事物。符号表征学习的关键在于意义的获得，即从实物与认知内容的联系过渡到符号与认知内容等值关系的建立。

第二，概念学习。概念学习是掌握同类事物的共同特征的学习，即把见到的事物的共同特征提炼出来，加以概括，形成概念。这些共同特征可以用定义的方式向学生呈现，也可以由学生自己从许多同类事物的不同例证中发现。

第三，命题学习。命题学习是指认识若干概念之间的关系，了解概念联合构成的意义，它以掌握概念为前提。命题学习有两类：①简单命题，用事实知识命题，只表示两个以上的特定事物之间的关系；②复杂命题，用组合知识命题，这就需要组织语言、安排句子之间的层次关系。

根据陈述性知识学习的特点设计教学内容，是为了帮助学生有效地储存和提取知识。为此，教学内容设计应着重考虑两点：①教材的组织与呈现；②促进知识的理解和巩固。

（2）程序性知识学习。程序性知识是有关"怎么办"的知识，主要通过应用来获得。美国教育心理学家加涅把程序性知识学习分为智慧技能的学习和认知策略的学习两类。

第一，智慧技能的学习。智慧技能的学习是学生对概念符号的应用学习，主要是运用概念和规则进行一系列操作，将知识转化为技能，如将名词、动词等组合成符合句法规则的句子。

第二，认知策略的学习。认知策略的学习是对自己的认知活动的调控学习，主要是支配自己的记忆、注意、思维等技能，主动激活知识，如怎样集中注意力，怎样才能记得又快又牢等。

根据程序性知识学习的特点设计教学内容，主要是为了提高学生运用概念、规则和原理解决问题的能力。因此，教学内容设计应考虑两个环节：①确保学生对所学概念和规则的牢固掌握；②安排多种不同形式的练习，在运用知识的过程中，促使知识的转化，帮助学生掌握解决实际问题的技能。

（3）策略性知识学习。策略性知识是关于"这样办"的知识，说的是学习知识的方法。这类知识主要通过训练来掌握。策略性知识分为一般学习活动的策略和复杂学习过程的策略。

第一，一般学习活动的策略。一般学习活动的策略是指用来提高学习效率的方法与途径。例如，教学生"厘清文章思路线索""整体把握文章框架结构"等，学生能根据已有的知识来选择学习策略，反映自身的认知活动。

第二，复杂学习过程的策略。复杂学习过程中，设计的是概括性的策略知识，应用这类知识应具有灵活性。如阅读教学中，教师可以概括出多种阅读规则，应用这些规则时，可以随着不同的学习对象和学习目标而变化，而且它们还会受到学生认知水平的制约。只有经过反复训练，方能收到策略迁移的效果。

根据策略性知识学习的特点设计教学内容，加强策略教学的训练，引导感悟、积累、体验，能促使策略能力快速迁移，不断提高学生的认知效率。完成了教学内容设计中的内容分析和知识分类，便可设计教学内容方案。

第二节　大学语文课堂教学的技能

一、大学语文课堂教学讲解技能

大学语文课堂教学讲解技能又称大学语文课堂教学讲授技能，它是课堂教学中用语言传授知识、训练能力、启迪学生思维、提高文化素养的一种教学行为方式，也是教学中最普遍、最经常、最主要采用的教学方式，更是教学诸项技能中最基本的技能。"课堂教学往往以教师讲解为主，学生被动参与课堂教学活动，教学效果不明显，学生学习兴趣不够浓厚。"[①]

讲解技能的优点还在于教师的言行举止能潜移默化地熏陶感染学生多种优秀品质的形成。例如，教师语言的魅力、人格的尊严、书写的精美、思维的敏捷、敬业精神的展现、责任感的流露、文化道德修养的展现等，这些素质修养都会对学生起到榜样的作用，产生深化、活化和美化的良好效果。

讲解技能的缺点主要表现为三个方面：①学生处于被动接受地位；②学生只听不动手，无直接的感性材料和亲身体验，实践操作能力弱；③学生只靠听，信息保持率低，尤其是满堂灌式的讲解。

（一）讲解技能运用的目的

大学语文课堂教学讲解目的与教学大纲和课程、课堂教学目标都是一致的，体现了讲解教学活动的教学方向。大学语文课堂教学讲解包括读、背和自然式（即席式）讲述。一般而言，读和背只能穿插运用。自然式讲述，易生动活泼，效果会好些，学生也欢迎。但是，单纯讲解有其本身的局限性，它的目的范围也是有限制的。只有讲解与问答、讨论、板书、练习等不同教学技能相结合时，讲解的目的才能进一步扩大和发挥。例如：大学语文知识综合、概括和总结阶段，讲解是必要和有效的；灵活应用大学语文知识时，通过讲解引导、定向也是有利的。大学语文课堂教学讲解目的有以下四个方面：

第一，传授大学语文知识。大学语文知识是在高中语文知识基础上的进一步深化，比较深厚且广博，学生要能充分了解、理解、记忆和运用。

第二，激发学习大学语文兴趣。著名教育家陶行知曾说过，教育中要防止两种不同的倾向：①将教与学的界限完全泯除，否定了教师主导作用的错误倾向；②只管教，不问学生兴趣，不注重学生所提出问题的错误倾向。大学语文教师不是"教书"，而是要运用讲解技能，激发学生形成学习大学语文的兴趣，并逐步形成志趣。

---

① 王红光. 大学语文教学改革之我见 [J]. 科技展望，2014（21）：81.

第三，培养大学语文能力。大学语文具有工具性。语言是工具、武器，人们利用它来互相交际，交流思想，达到互相了解。现代社会对大学生的语文能力提出了新的要求。大学语文通过讲解培养大学生听、说、读、写、思的大学语文能力。

第四，提升人文素质。众所周知，汉语是我们民族文化的载体，记载着中华数千年的古老文化，蕴含着中华民族的独特性格，是中国人心灵之所，是汉魂所铸。大学语文提升大学生的人文素质，传承和光大中国文化，这是它的使命与责任。

（二）讲解技能运用的类型

大学语文课堂教学讲解技能的类型可根据不同的标准、层次划分。这里主要阐述四种：解释型教学、描述型教学、论证型教学和问题中心型教学。

1. 解释型教学

解释型又称讲析、说明、翻译型，通过讲析把未知和已知联系起来，根据讲析内容的不同可分为三种：

（1）意义解释式。意义解释式即教师对学习内容的内涵、意义或价值、原因等进行讲解分析。例如，《论语》《庄子》《三国演义》等的节选篇目就需要用此种讲解方式，还有文章的思想内涵、文化意蕴，古文中古今字意义的演变、语法、词类活用等也可采用意义解释式。

（2）结构、程序说明式。结构、程序说明式即教师把学习内容的结构、程序用言简意赅的语言准确、严密、条理清晰地进行讲解的一种方式。一位好语文教师的标志就是能把文章的思路脉络准确地呈现给学生，讲课有科学程序，层次条理清晰。例如，《金苹果之争》《悲惨世界》《天龙八部》等小说的节选，教师就要采用此种讲解方式交代清楚小说的结构、故事情节的发展、作者的写作思路、人物的发展变化等。

（3）翻译性解释式。翻译性解释式主要运用于古文的学习过程中，即教师对古文逐字逐句地串讲。例如《左传》《战国策》《三国演义》等作品就必须用翻译性解释式进行讲解。

2. 描述型教学

描述型又称叙述型、记述型，指教师在教学中把有关内容描绘和叙述出来，以增进学生的感知。教学总是在一定情境中进行的，既然有情境就必须叙述和描绘。

大学语文中任何一篇选文描述的对象都离不开人、事、物、情和景。所以，教师讲授描述的内容就是人、事、物的发生、发展、变化过程和形象、结构、要素等。教师描述的任务在于使学生对文章中描述的事物、过程有一个完整清晰的印象，有一定的认识和了解。描述型又可分为以下三种：

（1）结构要素性描述式。结构要素性描述式是指教师注意揭示文章结构层次关系和文体要素间的关系，突出重点，抓住关键，注意运用生动形象的比喻和类比方法进行讲解的方式。例如，对于一篇小说体裁类选文，教师从情节、人物、环境等方面着手分析课文，以提高学生的阅读理解能力。

（2）顺序性描述式。顺序性描述式是指教师按文章中事物在时间、空间上发生、发展变化的先后顺序进行描述的方式。顺序性描述式可分为顺叙、倒叙、插叙、补叙、平叙等，但其时间顺序不能颠倒。要注意事物发展的阶段性，注意抓事物发展的关键，而不是无重点、无要点，流水账似的叙述。

（3）描绘式。描绘式是指教师用比较生动形象的语言，具体地、鲜明地、逼真地再现人物、事件、景物状态和情景的一种方法和手段。它能把学生带入最佳思维状态，使学生有身临其境、如见其人、如闻其声的感觉。

由于描述型讲解的内容主要是事物的变化过程，因此所描述的知识多是形象性的、具体的，也是初级的。描述可以提供大量的材料，激发学生形象思维（如联想、想象）的发展。但是，描述难以胜任抽象知识的传授，也难以培养学生的逻辑思维能力。描述型讲解是大学语文教学大量应用的一种讲解方式。

3. 论证型教学

（1）论说式。论说式是指教师用富于逻辑性的语言根据教材中提供的已知材料进行摆事实、讲道理、论是非，使学生在接受语文科学知识的同时，明白或懂得一定的道理。例如论说文和科普说明文等的讲解就主要采用此种讲解方式。

（2）推理式。推理式是指教师利用学生已掌握的语文知识、材料推导出新知识的一种讲解方式。例如当学生学习了一篇短文后，教师可以使用推理式的教学方法来引导学生探究和推导出短文中的一些隐含信息或新知识。

（3）证明式。证明式是指教师为论述根据已知材料提炼出的某一思想观点、自然法则、思想情感的正确性，或者用事实、科学公理作为依据来证明某立论、法则、文化思想正确而采用的一种讲解方式。例如对写作的法则、文体的要素、小说中人物的结局、情节的发展脉络等的讲解就多采用此种讲解方式。

4. 问题中心型教学

问题中心型即以解答问题为中心的讲解。苏格拉底曾说过：问题是接生婆，它能帮助新思想的诞生。"问题"即未知，它从实际中来，以事实材料为背景。"解答"即由未知到已知的认知过程，认知的关键是方法。有了有效的方法，也就有了"过河的船和桥"，"过河"就不再是空话。选择方法和具体解决问题，都离不开知识，也离不开思维能力。问题可能是一个词、一句话、一个人物形象、一种文化思想、一种性格特征、一个场景描写等。总而言之，大学语文问题中心型讲解具有一定的探究性，处理得当对启发学生思维、培养语文能力大有好处。当然，要取得好的效果还需要把讲解与其他技能结合起来才会更加有效。

大学语文问题中心型讲解可归纳为如下的一般程序：首先引出问题并明确标准，然后选择方法解决问题，最后得出结论。

（三）讲解技能运用的要求

第一，讲解要有目的性。讲解的目的性主要表现为两个方面：①目标要明确，内容要具体；②教学难点、教学重点要突出，教学过程要井然有序、层次分明、分析透彻。

第二，讲解要有针对性。对症下药才能药到病除。讲解的针对性越强，讲解效果就越好。讲解的针对性主要表现为两个方面：①符合大学生的生理年龄特点、思维特点、语文知识水平和认知能力；②切中大学生学习中的薄弱点，满足大学生学习的需要。

第三，讲解要有科学性。科学的才是合理的、有效的。讲解的科学性主要表现为四个方面：①讲解过程结构合理，框架清晰；②讲解过程条理清楚，层次分明；③讲解观点正确，证据、例证充分，并能透彻分析例证与新概念之间的联系；④讲解时间控制得当。

第四，讲解要有艺术性。讲解是语言的艺术。凡是艺术均是美的、有韵律和节奏的、和谐悦耳的。所以，讲解要做到五个方面：①语言流畅、准确、明白、生动；②善于启发学生思考；③能形成知识链接；④收集学生的反馈信息，及时调整讲解的方式和程序；⑤能同演示、提问、板书等其他技能有机配合。

二、大学语文课堂教学提问技能

提问，是教师制造悬念、引发思维、促进学习、实现教学目标的一种重要教学手段，也是检查学生知识掌握、理解运用和巩固复习情况的一种重要方法，还是师生之间平等和谐的一种沟通交流途径。大学语文课堂教学提问技能是指教师在大学语文教学过程中实施提问的一种教学行为。

提问是一项具有悠久历史的教学技能，我国古代教育家孔子就常用富有启发性的提问进行教学。教学应"循循善诱"，运用"叩其两端"的追问方法，引导学生从事物的正反两方面去探求知识。古希腊哲学家苏格拉底也是一位提问高手，使用"产婆术"进行教学，通过不断地提问让学生回答，找出学生回答中的缺陷，使其意识到自己结论的荒谬，通过再思索，最终自己得出正确的结论。

大学语文课堂教学中，教师对学生的提问是教学中的常用手法。巧妙的提问能够有效地点燃学生思维的火花，激发他们的求知欲，并为他们发现、解决疑难问题提供桥梁和阶梯，引导他们去探索达到目标的途径，促使他们在获得知识的同时增长智慧，养成勤于思考的习惯。提问主要具有以下七个作用：

第一，提问是引起学生学习活动的最好的刺激信息，具有激发学习动机和兴趣的作用。

第二，提问能促使学生定向思考学习，具有促使学生注意教材的重点、难点的作用。

第三，提问能诱发学生思考，具有培养学生思维能力和习惯的作用。学生学习经常处在静态之中，需要有刺激信息把静态学习变为动态学习。

第四，提问能引导学生发现问题、分析问题和解决问题，具有完善学生智能结构的作用。

第五，提问能让学生得到充分的口语训练，具有培养学生口头表达能力的作用。

第六，提问能交流师生的思想感情，使教与学及时交流反馈信息，具有因材施教、有的放矢进行教学调控的作用。

第七，提问能活跃课堂教学的气氛，具有提高教学效率、加快教学进程的作用。

所以，教学的艺术在于如何恰当地提出问题和巧妙地引导学生作答。提问是发挥学生主体作用、调动学生学习主动性的有效方法之一。它能变学生的静态学习为动态学习，变被动接受为主动发现，变默默聆听为孜孜探求，变满堂灌注入式的教学为启发式教学。

三、大学语文课堂教学结束技能

常听一些大学生反映：这堂课教师教得好是好，就是听到后头忘了前头，脑子里没有留下什么整体印象，课后很快就遗忘了。这就说明一堂完美的课，不仅要有好的开头，还要有完美的结尾。一堂课的结尾如同戏剧、电影、相声、唱词等艺术一样，在观众心中留下美好的回忆，产生余音绕梁的韵味。

大学语文课堂结束技能，指一节大学语文课将要结束时，教师要用简明扼要的语言进行归纳小结，如同农民收割庄稼一样，将学生所学的分散的知识集中起来，进行系统的教学总结，帮助学生完成由感性认识到理性认识的飞跃，起到对整堂课的教学内容进行巩固和强化的作用。

大学语文课堂教学结尾是课堂教学必不可少的一个环节，是教师智慧的结晶，也是衡量一个教师教学艺术水平的标志之一。如果课堂教学有头无尾，其兴也勃，其收也赢，不仅导致一堂课的教学不完整，而且直接影响到教学效果。

大学语文课堂教学结束技能主要有以下七种：

第一，归纳式结束技能。归纳式结束技能是指在大学语文课堂教学的结尾，教师引导学生对课堂教学内容进行小结，做到纲举目张，完成读书由厚到薄、由博返约的学习过程。有时，也可以先启发学生小结，然后教师加以补充和订正。归纳式结束技能，不能面面俱到、巨细无遗，而是对要求学生掌握的知识点、教学重点、学习难点进行归纳，使其显豁突出，让学生在原学习的基础上再理解、再提高，进而完全掌握。

第二，点睛式结束技能。点睛式结束技能是指在大学语文课堂教学的结尾，教师用精练的语言对本堂课的重点、难点、关键点、要害点进行点染，弥补学生的疏忽，把他们从漫不经心中呼唤出来，使他们完成从感性到理性的飞跃，从而将知识化为营养而加以吸收。

第三，畅想式结束技能。畅想式结束技能是指在大学语文课堂教学的结尾，学生从不同角度发表自己的意见，教师暂不做结论，让学生依据课文的中心或主题、基调，去自找结论，形成某种悬念，深化学生的思维，点燃学生智慧的火花。

第四，撞钟式结束技能。撞钟式结束技能是指在大学语文课堂教学的结尾，为了引起学生对课文内容进行深入理解，促其回味、咀嚼，针对教学重点、难点，教材特点、文中的名言警句、独到的写作方法等，教师予以扼要的强调，重锤敲打，使学生得益较多。

第五，开拓式结束技能。在大学语文课堂教学中，当学生已经取得了某一方面的知识时，为了加深拓宽学生的视野，教师常常跳出教材，把他们的眼光引向课外，开辟广阔的课外阅读空间，去获取知识。开拓式结束技能是指在大学语文课堂教学的结尾，教师结合教学内容，或者鼓励学生主动去探究，或者要求学生用所学知识进行实践，或者水到渠成地给学生介绍课外读本，或者造成悬念引导学生到课外去涉猎同类相关知识，或者课内学习的是节选文字，课外则指导学生去阅读原著等。

第六，链索式结束技能。大学语文课有其内在的科学性、系列性和阶段性，要求教师课课相连、环环相扣。特别是在单元教学中，一课的结尾既是旧课留下的脚印，又是新课的起步；既是旧知的暂时终结，又是新知探索的开始。这种结尾具有瞻前顾后的榫接作用、新旧知识联系的桥梁作用、知识勾连的过渡作用。这就是链索式结束技能。

第七，反馈式结束技能。为了改进大学语文课堂教学，探索新的教法，教师常常举行公开课、试验课、研究课、观摩课等，进行教研活动。对于这类课的结束，有不少教师要求学生写听课记录或评论本课教学，及时获得反馈信息，以权衡利弊、掂量得失，最终改进课堂教学。

结束技能是大学语文课堂教学技能的一个重要的有机组成部分，绝不能掉以轻心。结尾是文章完结地方，但结尾最忌的是真的完结了。这虽是对文章结尾的要求，但同样适用于大学语文课堂教学的结尾。所以，大学语文课的结尾应该是课堂教学必然的归宿，是教学设计导向结局别具匠心的组合，是课堂教学艺术的完美体现。

第三节　大学语文教学的综合技能

一、大学语文课堂教学的思维技能

思维是人脑对外部世界非直接的经过总结、加工的印象反馈，此印象反馈反映的是人对事物的感官感受，是通过言语来表达描绘的，因此，思维是没有发出声音的言语，言语是发出声音的思维。

（一）大学语文课堂教学思维品质的特征

思维品质是人的思维与他人不同的特点。思维品质体现了人与人之间情商、智商和思维高度的不同，表现为：①思维的深入尺度。思维的深入尺度体现在是否擅长开拓思维、分析问题，善于切中问题实质与基本要害，估计问题会向什么方向发展，这建立在一定的专业的知识、经验的积累上。②思维随着问题的变化频次。思维随着问题的变化频次体现在：思路的落脚点是否随机而动、思路进程是否随机而动变化、善于总结、联系不同问题点、综合分析各种可能情况。③思维的创新。思维的创新是人类思维的进步方式，在遇到新情况时，为了达到特定目的，利用所有可利用资源，独辟蹊径，在应对新状况时发掘出自身体现价值的潜力。④思维的辩证判断性。思维的辩证判断性是指在思维活动进行中准确把控可利用资源，梳理思路，删繁就简，批判地吸收和摒弃。体现在剖析性、方法性、广角性、自信性、准确率。⑤思维的敏感性。思维的敏感性是指思路清晰、灵活，善于在正确方向下快速捕捉问题的最新变化，并迅速、有效应对。

（二）大学语文课堂教学思维技能的内容

1.形象思维技能内容

形象思维，从信息产生过程讲，是个体通过感官观察、器官感受、头脑推演等办法，对事物的相关特点、整体外在表现及在头脑中的反馈信息进行再处理，以便充分确认事物的外观并分析、掌控事物的基本特点和发展趋势。

（1）感知外在阶段。感知外在通过感受、感知、印象三种形式来进行，且它们之间互相联系，渐次递进。从感受、感知到印象，反映出人的整体感观从细微到宏观、从直面观察到侧面间接的过程，但这种活动还仅限于外观和外在联系，还是初级阶段。印象形成是感知外在阶段的最高形式，又是头脑加工的起点，它是由感知外在阶段进阶到头脑加工阶段的中介。

（2）头脑加工阶段。印象形成需要头脑加工，对事物进行从外在到核心，由模糊到清晰，剥去伪装露出真面目的相关分析，使印象提炼为代表性、概括性的形象，由感性直觉变为理性分析。

2.抽象思维技能内容

抽象思维是以定义确定、分析预判和逻辑推演等形式进行的一种思考模式。抽象思维通过抽象的思维加工方法定义科学的观点、形成成套理论架构和观念，用来进行具体的生产、实践，它是最被关注的代表能力的思维形式。

（1）从印象形成到思维抽象的第一阶段。抽象思维从形象思维出发，但起始点是印象。本阶段作为第一阶段，就是要通过逻辑推理将形式逻辑思维印象浓缩为概括性定义，形成抽象的描述，认识层次从感官体验升级到抽象概括。本阶段的思维加工，主要是依靠剖析、总结、对比、归类等手段来进行的。

（2）从思维抽象到观念体系形成的第二级阶段。抽象思维第二级阶段主要是通过思辨和概括的手段来完成的。

3.创造性思维技能内容

（1）创造性思维及其特点。创造性思维，是一种具有开创意义的思维活动，即开拓人类认识新领域、开创人类认识新成果的思维活动，创造性思维需要人们付出艰苦的脑力劳动。创造性思维具有四个方面特点：①创造性思维与创造活动相联系。创造性思维总是在人产生了进行某种创造活动的动机和欲望之后发生的。②创造性思维具有独创性。③创造性思维具有极大的灵活性。④创造性思维具有艺术性和非拟化的特点。

（2）直觉思维和灵感思维。一般来说直觉思维就是直接的觉察。直觉思维的特点：直接性、快速性、跳跃性、个体性、坚信感、或然性。

二、大学语文课堂教学的管理技能

"管理"的"管"原为钥匙的意思，合而言之，管理就是一个人或部分人来指挥、组织与协调更多人的活动，以达到既定的目的。

大学语文课堂教学，不仅是"教"语文，更重要的是组织好全体大学生学习语文，掌握方法，养成良好的学习习惯等，所以，掌握大学语文教学管理技能是保证取得预期教学效果的必要条件。课堂教学有两种活动，一种是教学活动，一种是管理活动。

教学活动是指教师按照一定的教学思路传授知识、培养能力、发展智力、陶冶情操的活动。管理活动是指教师指挥、组织学生参与到教学活动中来，为实现教学目标而作出的种种努力的活动，即教师经常说的"驾驭课堂"。管理活动为教学活动服务，是教学活动顺利进行的保证。

可见，课堂教学中，管理活动的地位与作用在于它能给教师提供教学的操作程序，也能帮助教师组织学生参与到教学中来，提供学习兴趣、学习动力等客观有利的条件。就一节大学语文课而言，教学管理主要体现在课堂教学的时间分割方面。

（一）管理技能之常规分割法

时间具有不可缺性、不可替代性、不可储存性、不可逆转性，所以利用时间是一个极其高级的规律。要想达到教学优化管理，最根本的就是要节省时间。任何一种节省归根结底是为了节省时间。因此，课堂教学在时间分割上必须树立时间的价值原则，加强教学的计划性。一节课要完成规定的教学任务，必须突出时间的效率原则，注意教学的针对性，不可面面俱到、平均使用时间，解决教学的重点、难点，根据学生的实际尽可能地提高教学效率。

一节大学语文课 45 分钟，时间是有限的，也是恒量的。因此，一节课 45 分钟的时间可按课堂的顺序进行科学的分割。根据学生上课注意力的强弱程度，课堂教学的时间分别呈现倒三角形的规律，即 30 分钟为传授主要教学内容时间，15 分钟为组织学生练习或复习巩固时间：①导入阶段激发兴趣的时间约 3 ~ 5 分钟；②学生感知尝试学习阶段的时间约 8 ~ 10 分钟；③师生合作授课阶段时间约 18 ~ 20 分钟；④总结巩固反馈回授阶段时间约 3 ~ 5 分钟；⑤学习迁移练习阶段时间约 3 ~ 5 分钟。

课堂教学的时间分割一般说来应遵循以上方案，但是具体运用时，不可拘泥于僵死的模式，而应根据不同内容、不同学生，从实际出发，合理安排教学时间。

有的教师在一节课中，总能恰到好处地形成一个或若干个高潮来吸引学生，使学生欲罢不能，非要听出个所以然来才肯罢休。有效地形成高潮，教师除了要具有较高的讲课水平和雄厚的业务基础以及驾驭整堂课的教学活动的能力外，还应根据教学目的，围绕教材的重难点，结合学生的年龄特征和心理活动规律来组织教学，讲课时的感情和语调也要随着所讲述的内容而起伏变化。一节课高潮的最佳时间可以参考以下公式：

$$[（最大点 - 最小点）\times 0.618 + 最小点] = 可能存在的高潮时间 \qquad (2-1)$$

如教师准备将一节课分为两个阶段，第一个阶段为30分钟，第二个阶段为15分钟。那么第一个阶段组织高潮的时间为（30-1）×0.618+1=18.922，就是在第19分钟左右形成第一个高潮为最佳。当然，每一节课只需要一两个高潮就够了，多了就无所谓高潮，不能给学生留下深刻的印象。

（二）管理技能之黄金分割法

1. 黄金分割

黄金分割的公式可以表述为：$(a+b)/a=a/b=\phi$，其中，a 和 b 为两条线段的长度，$(a+b)$ 表示整条线段的长度，ϕ（phi）表示黄金分割比例，近似值为1.618。在黄金分割中，这个比例是保持两个部分的比重最为和谐和美感的比例。当整体与较长部分的比例等于较长部分与较短部分的比例时，就实现了黄金分割。这个分割在数学上与美学上代表一种最佳的比例关系，古希腊哲学家、数学家毕达哥拉斯将0.618誉为"最完美的数字"。如今黄金分割在美术、音乐、建筑、园艺、材料加工、服装、机械电子制造等各个领域都得到了广泛的应用，并取得了明显的效益。课堂教学作为社会活动的一种，里面也蕴藏着极大的美学价值，下面从时间角度谈谈黄金分割在课堂教学时间分割上的应用。

2. 课堂中时间的黄金分割

课堂教学应体现教为主导、学为主体、练为主线、讲练结合的原则，课堂教学过程中既有教师的主导活动也有学生的主体活动，教师的主导活动包括教师的引导、启发、提问、讲解、归纳总结等活动，学生的主体活动包括学生在教师的主导之下回答、读书、思考、练习等，可以说一节课都是学生的主体活动时间。我们把一节课中学生的主体活动时间分成两部分，即主导主体活动时间和独立主体活动时间。主导主体活动时间是指在教师主导活动时学生的活动占用的时间，如在教师讲授时学生思考的时间等。独立主体活动时间是指教师暂停活动时学生的活动时间，如学生课上练习，教师提出问题后要求学生思考、读书、回答等。当然这里所说的独立主体活动也只是相对的。因此得出以下公式：

教师主导活动时间 = 学生主导主体活动时间

学生主体活动时间 = 一节课时间 = 学生主导主体活动时间 + 学生独立主体活动时间 = 教师主导活动时间 + 学生独立主体活动时间 \qquad (2-2)

把一节课中教师的主导活动时间超过一半的课称为主导活动课，把一节课中学生的独立主体活动时间超过一半的课称为主体活动课。下面是不同类型的课堂中教师主导活动时间和学生独立主体活动时间的分配。

一节课的 45 分钟时间可按黄金分割分成两部分，即 $45 \times 0.618=27.81 < 28$（分钟）和 $45 \times（1-0.618）=17.19 > 17$（分钟）两部分。其中 28 分钟为一节课的黄金分割时间。因此，教师在上课时应达到以下要求：

（1）一节课的主要内容应在黄金分割时间内完成。从学生的角度考虑，在黄金分割时间内学生的精力集中，情绪高涨，听课效果最好。如果一节课教学时间超过 30 分钟，学生很明显地会出现注意力分散、思维迟缓、情绪倦怠等现象。

（2）在主导活动课中，教师主导活动时间和学生独立主体活动时间应采用黄金分割，教师主导活动时间占用黄金分割时间（即 28 分钟左右），学生独立主体活动时间为剩下的时间（即 17 分钟左右），即一节课教师应留给学生 17 分钟左右的思考、练习、讨论等时间。

有时根据教材内容的需要，教师主导活动时间可能延长，但是不能侵犯学生的独立主体活动时间内的黄金时间，即不能超过：

$$45 \times 0.618+（1-0.618）=17.19 < 34.38（分钟）$$

此为一节课教师主导活动时间的临界时间，即至少要留给学生 10 分钟的独立活动时间，让学生有思考、消化的余地。因此在主导活动课中，教师主导活动时间的下限为 $45 \times 0.618 \times 0.618+（1-0.618）\times 17.19=24$，即约为 20 分钟（取临近整数），上限为 30 分钟（取临近整数）。

（3）在主体活动课中，特别是复习、练习课中，教师绝不能将一节课完全交给学生自由复习或练习，教师应在学生练习中适当地插入讲解，对问题进行解答、释疑。在此类课中，学生独立主体活动时间应占用黄金分割时间，学生独立主体活动时间的临界时间也是不应该占用教师主导活动时间的黄金分割时间，其临界时间为：

$$27.81+（1-0.618）\times 17.19=34.38（分钟）（按 30 分钟）$$

即一节课中至少要留有 10.62 分钟（按 10 分钟）的时间由教师参与主导活动，来增强复习、练习效果。在主体活动课中，学生独立主体活动时间的下限为 20 分钟，上限为 30 分钟（正好与主导活动课时间相反）。

以上只是从宏观角度出发对时间进行了一次分割，根据黄金分割可以无穷分割的原理，在一次分割的基础上可以再次分割。比如在讲完课后，教师安排了 10 分钟的练习时间，判断一下在 10 分钟内可练习多少个题目，应将最有价值的题目放在练习时间的黄金分割时间内完成。前面所谈的主导活动课的时间分配也体现了黄金分割的无穷性：

$$教师主导活动时间 / 学生主体活动时间（一节课）=0.618$$
$$学生独立主体活动时间 / 教师主导活动时间 =0.618$$

三、大学语文课堂教学的因材施教技能

教与学的能量来源于教学势能，而差异化教学作为教与学的力量源泉，无形之中需要人们直面差异，以达到尊重学生、合理利用差异有效教学的能力。受人们生存生活的个

体化特性影响，个体在学习能力、行事风格、兴趣爱好及其学习过程方法中大相径庭。因此，因材施教的过程，应是大学语文教师尊重学生发展规律，尊重差异性、尊重多样性的体现，尤其以知识消化、学习能力和学习情绪的把控最为明显。显而易见的是，学以致用的效果应是真正理解和消化知识的效果。

大学语文旨在全面培养学生的综合应用能力和文化素养，尤其是听、说、读、写方面的理解、运用和表达能力，因此，弹性教学法应用于实践教学，是教师对学生实事求是的反映。同时该方法围绕阶梯性教学目标和层次化教学，力促学生实践活动，对学生作业的合理配置和成绩考核也极为客观。

（一）观察学生作为因材施教的重要环节

大学语文教师将观察学生作为因材施教顺利进行的砝码和中枢环节，主要目的是为了充分了解和掌握学生的基本资质，该技能作为衡量大学语文教师的标杆，涉及对其工作态度、工作能力及业务技能知识储备的考察。具体表现在以下四个方面：

第一，家访。家访作为有效了解学生行之有效的策略方法之一，并不是仅归属辅导员的权利，而是信息化现代网络科技、电视电话、视频、智能终端等方式充分应用的结果，对获取学生基本信息成效较大。

第二，问卷调查/系列测验。问卷调查/系列测验可集中反映学生对基本知识的掌握度、基本学习动机的刺激度及其发展潜力、情感空间、个性特征、价值取向等内容。

第三，课外活动。学生参加课外活动，能更丰富学生生活，开展活动后，教师更便于观察学生的一举一动。

第四，教学全过程了解。教学作为维系师生的纽带，二者在教学环节的沟通交流、言谈对话更能方便教师有效了解和熟悉学生，大学生应引以为戒。

（二）针对性教学促进学生发展

以观察学生为基础的大学教师必备基本技能，是教师掌握教与学"共性"和"个性"的集中显示，更是挖掘学生潜能，全面促进学生发展的针对性教学方法。具体的教学技能方法涵盖内容包括五个方面：①优秀生培养目标——因势利导。教师适时引导具有语文天赋的学生，以促进其自学能力、强化能力得以顺利发展。②潜力股培养目标——孵化生成。教师通过观察学生，集中挖掘和捕获学生潜质，借助孵化基地和培育平台，改善后进生和学习方面较为吃力的学生的不良学习状态，最终化为己用。③规律教学目标——循序渐进。成才并不是一蹴而就的，而是循序渐进的以学生发展为发展、以学生成才为己任的严于律己的教学状态。④体系化建设目标——均衡发展。该发展策略作为人的社会性基本意义，需要学生具备多方面的语文能力，并系统化、互相融合、互相补充地构筑完美的语文素养体系。⑤差异化教学目标——分层教学。该教学方法是教师以班级为单位，以学生个体差异为立足之地，以多样化教学形式为内容，以学生需求和风格变化及其学习兴趣为整体教学成果的力量源泉，最终为学生创设出一条舒适的、符合发展需要的语文素养发展之路。

四、大学语文课堂教学的组织技能

（一）大学语文课堂教学组织

大学语文课堂教学组织大体分为四个阶段。

第一，预备阶段。上课铃响过以后，教师即可开始准备课堂授课。教师应站在教室讲台附近，环视教室，请同学们保持安静，并指示学生准备上课材料。例如，大学语文教材，听课记录本均应放在桌上，不要出现课外材料。开始讲课前教师与学生互相问候是必需的，学生站立问好，教师回答问好，让学生坐下。

第二，开讲阶段。开讲阶段的重点在于引起学生浓厚的兴趣，讲明本堂课的学习目的。教师要组织学生互动交流，全神贯注，一起努力完成学习目标。教师要衔接本堂和以前课程的相互关系，是否有内在逻辑联系、是否有感情方面的因果关系。由于大学语文教材很多是由长篇原著的若干章节组成，需要不止一堂课完成，所以每堂课对以前的课堂内容的衔接非常重要，开始讲课时既要讲明本节课堂目标也要采用各种方式着重解决学生的困惑之处，可以设置一些场景，引导学生快速进入状态，尽快活跃思维。

第三，授课阶段。授课阶段是关键阶段。课堂效果优劣集中通过此阶段表现出来。教师要根据学生的思维活跃特征、年龄分布阶段、学习能力功底、接触知识面的延展程度并结合使用课本提前设计好发掘学生主观能动性的课堂实施蓝本。要高频次利用各种教学方法组织教学，激发、鼓励学生自己做主人，汲取新的学习内容，课堂上还要做到轻松、活跃氛围，纾解学生压力的同时，教师要因势利导，灵活应对个人情况，同时对干扰课堂的意外事件要尽快处理，避免影响课堂效果。

第四，总结巩固阶段。总结巩固阶段的任务是教师、学生一起回忆本堂内容，指导学生有条理地整理，头脑储存清晰。而且教师通过适当的作业和训练，指引学生兼收并蓄，让知识为自己所用，时间安排上保证学生有一定时间思考并提出疑问，安排要松紧有序。到下课时即下课，不要拖堂，影响学生情绪。

（二）大学语文课堂教学内容组织

大学语文课堂教学内容应做好以下四点。

第一，目的明确。大学语文课堂教学要求目的明确，要提前设计好内容，引导教学沿着指定方向进行，这需要深入理解强化教学大纲的意图，分解确定每堂课，每章节的具体目标，以目标为导向。

第二，课程数量和深度适当。大学语文课堂教学在教学内容和听、说、读、写能力的训练中，必须把握好数量和深度的控制。针对教学大纲规定要达到的水平、思维层次，应有适当控制。课堂教授要把握好速度快慢与课程难易深度。教学必须对以上内容有计划、有定量，满足学生学习相适应的情况，从实际情况出发，控制好学习的效果。

第三，层次分明、顺序得当。大学语文课堂教学要按照大纲要求分清层次，掌握好先后顺序，教师做好相应的计划、步骤。教师要关注课程本身的先后次序，如学生感知、思考的次序，既要兼顾以上不同次序又要在组织教育中结合起来。

第四，因势利导。在心理上，教师辅导学生做一些学习准备，要在对比分析中，顺应学习方法、各种学习影响因素的趋势，调整心态，扎扎实实不断稳步前进，通过各种手段引导学生自信、乐观向上，并不断丰富学习动力源泉。

（三）师生交往方式的组织

一般而言，大学语文课堂教学师生交往方式的组织形式主要有全班教学、小组教学和个别教学三种。

全班教学的组织形式最常见、最普通。它指教师把全班学生组织到教学中来，进度一致，便于管理。这种师生交往方式，在同一时间里，教师可以给学生讲述、范读、演示、解释，直接用自己的思想感情、知识修养去影响学生，使学生能在思想、知识、情感体验和行动等方面产生相应的反应。教师可以单向传授知识，也可以同学生双向交流，充分体现了班级授课制的各种优点。但如果只使用单向传授知识的组织形式则应防止"满堂灌"和"注入式"。

小组教学，指把一个班按教学需要暂时分成几个小组进行教学。既可按不同程度的学生分组，也可以混合编组。小组人数的确定，根据教学任务的不同而异。一般的做法是，就座位邻近分成 2 ~ 4 人一组。分组教学便于对教学中的重点、难点问题进行讨论和研究，使学生思维活跃，互相得到启发和帮助。每个学生都有机会发表自己的见解、看法，培养和锻炼学生的口头表达能力。学生按小组讲述、讨论、争辩、互检作业等，都能发挥学生学习的主动性、积极性，从而收到良好的教学效果。这种方式，师生之间的交往是多向式的网状结构，在一定程度上扩大了教学信息的交流，但教师必须巡回检查，否则容易"放羊"。

个别教学，指教师因材施教，针对个别学生的不同情况给予指导、辅导，使每个学生都有机会接受教师的及时指导，也便于教师了解每个学生的学习情况，增进师生的相互了解和友谊，从而提高教学效果。

运用课堂教学组织形式要灵活，做到"管而不死，活而不乱"，既尊重爱护学生，又严格要求管理学生，既热烈紧张，又秩序井然，既动中有静、静中有动、动静结合，又放中有收、收中有放，从而使课堂教学富于变化，充满生机。

（四）大学语文教学组织技能训练

大学语文教学管理技能的训练目标主要有两个：①能明确教学管理技能的理论内容；②能在实践教学中灵活掌握和运用教学管理技能。

第一，大学语文课堂教学的组织技能训练主要是对教学的预备、开讲、授课和总结巩固四个阶段的训练。预备阶段的教学组织是前奏，学生准备好学习用具，思想上有上课的意识，所以，训练时教师只要利用肢体语言就基本可以实现目标。例如，教师提前站立到讲台上，自己整理和调整上课教学用具等。开讲阶段的教学组织要能起到集中学生注意力、激发学生学习兴趣、引导学生进入学习状态的作用，所以，这个阶段的训练要充分利用导入技能，或开门见山，或幽默生动，或妙语连珠，或制造悬念等。在授课阶段教师应因材施教，引导学生积极主动地获取知识、提高能力、发展智力，从而提高教学效果，使教学活动沿着既定的教学目标推进。这个阶段的训练要充分运用讲解技能，或娓娓道来，或简洁明确，或描述铺排等。总结巩固是要学生对所学知识能有一个系统的、全面的理解和把握。这个阶段的训练时间虽短，但内容含金量高，要注意语言表达干脆利落、重点突出、简明扼要。

第二，教学内容组织要做到五定：定向、定量、定度、定序、定势。要达到这些要求是比较困难的，所以，训练过程中可以采用由少到多逐项训练的方法。

第三，师生交往方式的组织技能。一般而言，大学语文课堂教学师生交往方式的组织形式主要有全班教学、小组教学和个别教学三种，而前两种使用频率又是最高的，所以在训练过程中要想师生交往获得成功，避免"一言堂""满堂灌"现象发生，教师就要设计好教学问题，师生以问题为纽带进行交往。交往过程中，师生应本着平等和谐的态度，本着相互尊重的原则，本着解决问题、实现教学目标的目的，本着教师是主导、学生是主体的观念进行交往。

第四节　大学语文教学的研究技能

一、大学语文课程资源开发利用技能

世界各个地区都蕴藏着丰厚的自然、社会、人文等大学语文课程资源。大学语文教师要有强烈的资源意识去开发、利用。传统教学、教材一直是中国学校教育的主要课程资源。大学语文课程资源的内涵极其丰富，它是指课程设计、编制、实施和评价等整个课程发展过程中可以利用的一切人力、物力以及自然资源的总和。但是，大学语文课程资源的结构比较单一。

随着大学语文教育改革的深入发展，人们进一步认识到，要全面实施以培养学生创新精神和实践能力为核心的人文素质教育，就必须在整合和优化课程结构、开发课程资源上多做努力。大学语文课程资源大致可以分为素材性课程资源和条件性课程资源两大类。素材性课程资源包括知识、技能、经验、活动方式与方法、情感态度和价值观、人文素养等方面的因素；条件性课程资源包括直接决定课程实施范围和水平的人力、物力、时间、场地、媒介、设备、设施和环境以及对课程的认识状况等因素。

对于素材性的课程资源来讲，大学语文的教材是重要的载体。对于资源的开发只局限在文史知识是不够的，还要对协助学生依靠所获得的知识和实践经验去自觉探索知识发展有所帮助，对教师进行教育活动的开展、学生对于实践能力和创新能力的培养有所作用。通过学生信息处理能力、知识获取能力、解决问题的能力以及沟通能力的培养，提高学生的责任意识和人文素质。

教师要以学生的兴趣作为基础，社会的经济发展和科学进步作为依靠，去收集丰富多样、学生感兴趣的、研究性较强的素材作为教学的内容进行探讨，并针对重点的研究内容提出合理的质疑和讨论。随着网络信息的飞速发展，网络资源所涉及的范围也越来越广泛，这种新型的资源获取方式为学校提供了新的发展机会，也对学校的教育发起了挑战。学校教学中的教材不再是学生获取知识的唯一途径，也就是说教材的内涵和延伸内容也会发生一定的改变。

想要充分地利用条件性的课程资源就要保证最基本的教学时间和教学空间，给学生提供更广阔的学习空间对学生培养探索知识和实践的能力是非常有帮助的，学校正是为帮助学生接触到人类遗产方面的作品起到了很大的作用，这些作品的价值在于能够为学生提供终身受益的知识。此外，对于课程资源的开发还包含着社会上的资源，社会上的公共设施和学习场所都能够提升大学生的语文能力，所以让学生接触自然社会，通过实践提高语文能力也是非常重要的。

（一）大学语文课程资源开发利用的技能要求

第一，充分利用教材，发挥教材的多种功能。教材作为课程资源的地位是非常重要的，而它所被开发利用的重点就是对于大学语文教材的结构进行编排研究，它不仅是学习知识的文本，还有着培养学生人文素质、学习经验、创新实践能力、优秀品质的艰巨任务。所以，大学语文教材结构的研究与编排是一件非常艰巨的任务。大学语文在编排教材的结构时应将科学性和时代性、人文性和主体性、创新性和传统性紧密结合，使学生通过对教材的领悟从情感上获得启发，提高自身的文学素养和道德品质。

第二，倡导自主学习，改变教学方式。大学语文教学需要改变教学方式，采取多种多样的能充分体现学生自主学习、自主实践的形式，让学生在丰富多彩、生动活泼的语文实践活动中学习语文，在讲述、讨论、交流、品评、操作等活动中促进发展，从而形成扎实的语文能力，体验学习语文的乐趣，提升文化素养。

第三，开展丰富的语文实践活动，拓展语文学习的空间。语文的延伸活动就等同于生活的延伸。学习大学语文就要全面利用身边的自然环境，引导学生观察自然与社会中的事物，从中获取信息去增强语文的学习。还要根据学生自身的兴趣爱好特点，进行多样化的学习实践活动，使学生利用适当的方式将所学的知识运用到实践活动当中。在实践中锻炼自己，推进成长的步伐。

第四，开发特色的校本课程。在进行教材改革的时候，学校要将自身的办学优势以及校园内资源的配备作为基础，从实际情况出发编排出合适的教学课程。这类课程因为符合学校的办学特点，会从根本上吸引学生的注意力，激发学生学习的兴趣，使学生从文化资源的海洋当中感受到中华文化的魅力，从而全面提升学生的语文素养。

（二）大学语文课程资源开发和利用需要注意的问题

大学语文课程资源开发和利用需要注意以下四个问题。

第一，教师要有强烈的开发和利用大学语文课程资源的意识。教师总认为课程资源开发主要是专家特别是课程编写者的任务使命，与自己没有关系。但实质上专家们开发课程的优势往往体现在内在的学术价值上，如果真要求课程反映不同地区、不同学校和学生的差异性与多样性，往往是心有余而力不足的。所以大学语文教师必须转换角色，改变教学行为方式，不能仅充当课程的实施者，也要主动地去开发和利用课程资源，不能眼睛只看着课堂、看着书本，还要面对课堂以外的世界、面对学生的全部生活。教师要创造性地去开发和利用一切有助于实现课程目标的资源，把课程资源当作实现课程目标的中介，充分发挥其在课程实施过程中的作用。

第二，要根据地方特点开发和利用大学语文课程资源。各地区蕴藏的自然、社会、人文等语文课程资源各不相同、各具特点。大学语文课程资源的开发和利用要根据地方特点、学校特点、教师特点，努力发挥各地的优势。教师要根据需要，利用当地、当时的课程资源，建构地方或学校的语文课程，创造生动活泼的语文学习和实践的形式。地方或学校如北京可利用天安门、故宫、长城等人文资源，延安可围绕这一革命圣地的文物、景观创设地方课程，晋城可以利用白马寺、玉皇庙、孔子回车、珏山吐月等人文和自然资源开发课程。即使在同一地区，地处城市和农村的不同学校，可开发和利用的资源也各不相同，城市学校可以更多地开发和利用校外公共资源，又如图书馆、博物馆、工厂、街道等社会资源，而农村学校则可以开发和利用当地的山川、江河和动植物等自然资源。总而言之，应该扬长避短，发挥优势，展现每个学校自己的特色。只有这样，才能发挥不同学校各自的角色功能，为社会培养出各级各类合格的人才。

第三，要根据大学语文课程特点开发和利用课程资源。大学语文课程资源的开发和利用既要考虑到与其他课程的沟通与联系，又要体现出大学语文课程本身的特点。这里有三点应该注意：①教师在课程实施过程中就要注意开发最适合大学语文特点的课程资源，不盲目效仿其他学科教师的做法，"依样画葫芦"往往容易弄巧成拙；②课程资源具有多质性，也就是说，同样的课程资源可以为实现不同的课程目标服务，不同的学科可以运用同一种课程资源，尤其是大学语文内容的丰富性、文化的多样性、人文地域知识的广泛性等，因此，只要有利于学生学习大学语文的课程资源都要尽力利用起来；③课程资源具有替代性，如果没有最适宜的大学语文课程资源，可以由那些特征和性能近似的其他资源来代替。

第四，要加强理论学习，重视实践研究。课程资源的开发和利用是大学语文教学提出的新理念，广大教师对课程资源的认识过程是一个不断深化、不断更新的过程，大学语文课程资源的开发和利用也是在动态的探索过程中不断发展、不断完善的，因此不能急于求成。广大教师要加强学习，从理论上认识课程资源的概念、性质、种类和存在状态以及课程资源开发的程序、步骤与利用方式，还要加强实践的研究，并且重视学习和吸收国内外教师在课程资源开发和利用中总结出的实践经验。

二、大学语文课堂教学的反思技能

教师在教学过程中应该具备教育反思能力，反思能力简单而言是教师以自我为意识对象，以教学活动本身为意识对象，积极主动地制订实施计划，检查实施的情况，根据反馈情况来控制和调节自我和教学活动的能力。反思对教师的专业成长和自我发展有实效，鼓励和提倡教师在教学过程中进行有效反思，反思越是深入透彻，教学工作越能顺利进行，教师的个人发展也会有很大的提升。反思需要长时间、系统性的坚持，长期坚持反思，不但可以提高自己对课堂的把控能力和随机应变的能力，而且教师自身的专业素养也会有所提高。把教师的实践经验总结成理论知识，这样有利于教师的教育理念适时更新，专业素养不断提高，教师长期进行的教研工作和教学实践工作得到推进，教师个人取得迅速的发展。反思过程中，教师的身份多元化，既是教师，又是研究者。

（一）大学语文课堂教学反思的分类

大学语文课堂教学反思分为纵向反思和横向反思。

第一，纵向反思。大学语文教师不断从时间维度反思自己的教育行为习惯。教师经过长时间的积累可以培养出良好的教学反思习惯，例如，预设课程效果、课后积极反思等。教学反思习惯发生的时间节点主要是实践中、实践后或者在下一次实践前。教育教学实践过程中，进行及时反思，教师可以对授课过程中的自身表现、讲授的内容、传递的知识内涵等进行充分的思考，进而进行合理的调整。实践后反思是在教育教学任务完成后，回顾自己的行为、授课内容、授课方式等是否合乎科学的教育教学习惯。下一次实践活动前进行反思，本质上是前两种反思习惯共同作用的结果，这种高级反思是指导未来教学活动的依据。

第二，横向反思。大学语文教师应注重自我学习，珍惜一切可以学习的机会，并且把自己学习到的理论知识根据实际情况加入自己的理解，然后用来进行大学语文的教学实践，在实践过程中不断反思、深化改革。

（二）大学语文课堂教学反思的原则

大学语文教学遵循的反思原则包括五个方面：①及时性。反思忌讳滞后，在大学语文教学过程中应该进行反思，及时记录上课过程中的发现和想法，及时整理和分析收集的信息，及时评价和鉴别教学效果。②长期性。大学语文教学反思是一项应该长期坚持的工作，是教学过程中的重要环节，教师想要快速进步就应该持之以恒。③行动性。需要将反思的结果付之于行动。④综合性。大学语文教学反思不是面向某一个人、某一节课、某一方面就可以完成的，应该将收集到的信息进行综合，发挥其效用。⑤创造性。大学语文教学的反思有助于发现教学中存在的各种问题，并提出解决这些问题的对策。为了科学解决大学语文教学中存在的问题，教学反思必须创新。

（三）大学语文课堂教学反思的阶段

大学语文课堂教学反思分为四个阶段。

第一，具体经验阶段。具体经验阶段应该把工作重心放在分析存在的问题上，根据问题判断解决问题的情境。这个阶段会有很多信息传递，如先进的教学经验，自己实践中归纳总结的经验，还有一些虽然不常应用但是功能强大的理论原理。

第二，观察分析阶段。观察分析阶段的任务是收集大量经验，之后对其进行分析，尤其是与自身有关的经验信息，用辩证分析的态度审查自己的活动。可以通过各式各样的方式和途径来取得数据信息，然后进行对比分析，选择出科学的、有价值的思想观点。观察分析阶段的工作难度虽然很小，但是很有价值，所以应该由教师合作完成，集思广益，收到事半功倍的效果。此外，经历了这一项工作，教师对问题的形成情境也会有更加明确的认识。

第三，重新概括阶段。经过对原有思想的分析之后，需要考虑的是如何解决其存在的弊端和问题，正常情况下可以尝试新的方法和新的策略。新方法和新策略的产生需要借助新的信息，信息来源可以是自己研究得来的，也可以是实践得来的。由于教学中存在部分具体问题，对这类问题需要有明确的认识，这类问题的解决方式应该具有方向性、针对性和自主性，这个过程既可以选择单独完成，也可以协作完成。

第四，积极的验证阶段。积极验证阶段主要是检查在前一阶段中所做的假设和采取的实际行动是否合理，无论是提前彩排还是实际操作。在检验过程中，不时会收获到新的参考经验，然后再一次进入第一阶段——具体经验阶段，再一次开启新的循环过程。

（四）大学语文课堂教学反思的方法

大学语文教学反思的主流方法包括六方面：①听课并进行评估。②撰写教学反思日记。③说课实践。和自己的同事或专家学者面对面，大学语文教师从自身的教学设计理念到教学实施进行全面、立体的深入剖析，以便发现不足后寻求改进方法。④对学生进行问卷调查。⑤对学习效果进行评估。教师应在反思过程中对学习效果进行评估。良好的学习效果证明教学设计更科学，学习没有明显提升或者下降证明教学存在问题，亟须反思作出调整。⑥总结和完善教学经验。教师必须经常性地进行自我总结，梳理自己的教学经验，取其精华，实现在课堂上游刃有余的教学。

（五）大学语文课堂教学反思的过程

大学语文教学反思的过程可概括为：具体经验阶段→观察分析阶段→重新概括阶段→积极验证阶段。

第一，具体经验阶段。具体经验阶段的任务是使自己意识到问题的存在，并明确问题情境。在此过程中，接触到新的信息是很重要的，他人的教学经验、自己的经验、各种理论原理以及意想不到的经验等都会起作用。一旦意识到问题，就会感到一种不适，并试图改变这种状况，于是进入反思环节，这里关键是使问题与个人密切相关，意识到自己活动中的不足，这往往是对个人能力、自信心的一种威胁，所以，能够明确意识到自己教学中的问题往往并不容易。

第二，观察分析阶段。广泛收集并分析有关的经验，特别是关于自己活动的信息，以批判的眼光反观自身，包括自己的思想、行为，也包括自己的信念、价值观、目的、态度和情感。获得观察数据的方式可以有多种，如自述与回忆、观察模拟、角色扮演，也可以借助于录音、录像、档案等。在获得一定的信息之后，对这些信息进行分析，看驱动自己进行教学活动的各种思想观点到底是什么，它们与自己所倡导的理论是否一致，自己的行为与预期结果是否一致等，从而明确问题的根源所在，这个任务可以由教师单独完成，但合作的方式往往会更有效。经过这种观察分析，教师会对问题情境形成更为明确的认识。

第三，重新概括阶段。在观察分析的基础上，反思原有思想，并积极寻找新思想与新策略来解决所面临的问题。此时，新信息的获得有助于更有效的概念和策略办法的产生，这种信息可以来自研究领域，也可以来自实践领域。由于针对教学中的特定问题，而且对问题有较清楚的理解，这时寻找知识的活动是有方向的、聚焦式的，是自我定向的。这一过程可以单独进行，也可以通过合作的方式进行。

第四，积极验证阶段。积极验证阶段要检验上一阶段所形成的概括的行动和假设，可能是实际尝试，也可能是角色扮演。在检验的过程中，会遇到新的具体经验，从而又进入具体经验阶段，开始新的循环。

在以上四个环节中，反思最集中地体现在观察分析阶段，但它只有和其他环节结合起来才能更好地发挥作用。在实际的反思活动中，以上四个环节往往前后交错，界限不甚分明。

三、大学语文课堂教学的说课技能

教育教学改革之后催生了一种新的教学方式——说课。说课的概念是教师针对特定的观点、课题或者具体问题通过口头表达的方式阐述其教学假设和理论依据。说课的兴起使大量教师积极参与教学改革，认真学习教育理论，潜心钻研课堂教学。通过长期的说课训练，教师的专业素养有了很大的提升，成长为学术型教师。

（一）大学语文课堂教学说课技能的意义

大学语文课堂教学说课技能的训练有以下五个意义。

第一，提高教研活动的实效。大学语文是专门为了非中文专业的学生设立，是一门公共基础课程。因此，大学语文教师地位很是被动，存在感较低，甚至有教师来听课或者评价课程讲解时可能对大学语文教师的授课内容知之甚少。说课可以使这个问题得到很好的解决，教师可以把自己设置课程的意图和设计思路讲述出来，讲出自己的教学材料的加工方法和目的，倾听、评价的教师也就明白了授课教师教学设计的理由，这种情况下，研究课题更加清晰，研究重点更加突出，教学活动开展得更加顺利。

第二，提高课堂教学的质量与效率。教师的说课技能使教师把注意力集中在组织、实施教学上，备课时教师更加上心，投入大量时间和精力。说课教学对大学语文教师而言意味着课堂教学取得成功，大学语文教师的备课水平有所上升，课堂教学的质量和效率也不再是困扰。

第三，提高自身的教学素质。教师应该具备相应的理论知识和文化素养，说课可以增加教师对知识的掌握程度，尤其是语文教学理论，可以直接在课堂上实践。说课对教师的口头表达能力有较高的要求，要把自己的思路和设想清晰地表达出来，实质上提升的不只是表达能力，是思维能力和语言组织能力等综合教育能力。

第四，利于教学检查与评价。说课方便了各级教学领导进行教学检查，教师在进行说课时可以考察其备课是否充分，根据教师的表现可以提出指导性意见，为教学质量把关。通过说课，大学语文教师的同事、领导和教育专家等对其教学理念、专业文化知识以及业务能力有了详细的了解，可以综合起来对其教学水平进行客观的评价。说课中还会有答辩的环节，可以准确地检验出大学语文教师理论知识的掌握程度。

第五，利于教师培训与研究。说课并不是毫无根据的侃侃而谈，而是结合大学语文教材，讲解自己新课导入的方式、本节课程的重难点、向学生提出问题和判断学生学习成果等，此外还需要讲出依据。要求比较严格，势必促使教师认真钻研教法和教材、加强教育理论的学习，教学专业素质不断提高，开展教师培训的目的也实现了。

说课之后一定会有评价的环节。说课之前，点评的专业人士可以先给予一定的理论指导。说课结束后，结合说课过程中出现的问题或者表现优异的地方再次点评，共同总结教学经验。大学语文教师说课是理论结合实践的过程，理论—实践—理论，循环往复，教师在这个过程中受益良多。

（二）大学语文课堂教学说课技能的要素

1. 说课的知识准备

（1）对教学大纲深入研究。说课之前，教师必须充分熟悉教学大纲，对教学大纲中要求的教学目标、教学重点、教学过程中应该遵循的教学原则做到胸有成竹，而且在满足教学目标的前提下加入自己的特色。即使在有特点的前提下，也不可以脱离教学大纲的具体要求。

（2）反复研读教材。教材的编排都是根据学生的身心特点在难度上以螺旋式上升的。只有对教材之间的承接关系和知识有系统深入的了解，才能在说课前备好课，而且在说课的过程中才能分清主次，把重点难点讲清楚。

（3）学习其他边缘学科的知识。知识的力量是无穷的，各个学科之间也会有知识的交叉，在学有余力的情况下可以拓展一些其他学科的知识，使说课变得轻松有趣味。

2. 说课的理论准备

说课是建立在有一定知识水平的基础上的，教师在说课之前应该进行充分的准备工作，可以提前对大学语文学科教学、教学方法、学生心理学研究等相关理论进行学习，掌握教育规律。推动学生的心理健康发展有一定技巧和方法，说课既要遵循教学原则，也要适应学生的生理和心理特点。因此，教师在课下应该有计划、有步骤地学习，为说课打下坚实的基础。

3. 说课的技术准备

（1）明确说课的内容和要求。说课的内容包括：说教学目标、说教材、说学生、说教学方法和说教学程序。说课要求教师不但要说出教学的理论依据又要达到理论与实践的有机结合。

（2）掌握说课的技巧。说课要注重语气、语量、语调、语速、语感。板书、演示、操作等活动要自然和谐、落落大方。教师在说课时对说课的各方面内容，要分清主次，主要力量放在说教学程序上。

（3）准备好说课所需的教具。说课前要准备好本次说课所用的教具，如实物、图片、卡片、小黑板、幻灯片、录音录像等教学用具以及呈现、操练演示时的多媒体课件等。

4.说课的心理准备

（1）充分理解讲课的重要性。教师应该发自内心地认可说课的重要性，说课是较短时间内提升个人素质的最佳方式。此外，这样的方式也有利于提高教学质量，实现教师和学生的互惠共赢。积极参与这一活动，虽然有压力，但是压力可以无形中转化成动力，在教学工作的同时实现了个人知识的扩充和业务能力的提高。

（2）提升个人的自信心。一些新教师在讲课时面对学生，难免会有些胆怯，但是说课可以增强教师的自信心，教师保持从容自如，发挥出自己本身的水平。

（3）注意自我的心理调节。说课时没有真实的学生，也没有真实的互动反应，这就对教师的随机应变的能力有很高的要求，教师应该平复心情，进行自我调节。

（三）大学语文课堂教学说课技能的内容

第一，说教材。说教材的含义是在教师说教材的时候，要对教材的大致内容和教学的最终目标以及课时的安排进行介绍，还要针对本教材中会遇到的重点难点以及需要的教学用具进行简单讲述，是为了让听的学生掌握即将要说的课程内容。

第二，说教学的流程。说课中教学的程序就是教学的大致安排，但教案中会着重强调教学内容的安排，而在说课当中却着重强调的是教学的环节和方法。

第三，说教学方法和学习方法。要根据教材的选择和学生的实际情况去选择教法和学法。坚持使用同一种教法对于解决教学的难题更有帮助，也更符合大学生的学习思维规律，在形式上也不会太过花哨。

第四，说练习。说练习指的是在安排的练习当中要有层次的递进，练习的数量要适中，在不施加过多压力的同时也要保证进度的紧凑性。

第五，说板书。板书是将教学的内容进行精简和总结，因此，板书要选择恰当的词语突出重点的内容，还要具备一定的逻辑性和启发性，用清晰的条理将教学的内容进行高度的概括，在结构完整的前提下让人了解教学内容和过程的规律。简单来讲，在进行说课时板书的内容和设计一定要简洁明了。

（四）大学语文课堂教学说课技能的评价

（1）制定明确的教学目标：①教学目标的制定一定要具有完整性、具体性、精准性；②想要确立切合实际的教学目标就要根据教学的需求、教材的内容、大学生的学习水平等影响因素去制定。

（2）全面分析教材：①对于所学习的教材在大学语文所有的教材当中的地位和作用进行正确的分析和掌握，精准地了解教材的知识构架体系；②对于教学内容的增减有合理的规划；③找出教学的重点与难点进行合理的分析，寻找出合理的依据。

（3）对于教学方法的选择和应用要具有科学性：①教学的设计要科学合理，有理有据还不失特色；②设计教学程序的时候要根据现实依据设定合理的流程；③在设计重要的教学环节时要符合学科的特点，通过调动学生积极性的方式培养学习的能力，从而达到思想观念和价值观念的统一；④教学方法要根据学习方法采取科学合理的设计；⑤选择好的教学用具，采取好的教学方法，能够提高教学的效率；⑥板书设计的规律影响着学生的知识吸收效率，因此在设计时一定要重视板书的逻辑性。

（4）要准确地分析教育对象的特点：①对于学生的学习基础和学习的书本的困难程度进行分析总结；②对于学生的学习障碍制订合理的解决方案。

（5）练习的活动要符合学习的内容：①结合教学目标明确练习的目的，将练习的每一个步骤落到实处；②设计符合不同层次学生的练习活动；③制订合理的练习方案去培养学生的各项能力。

（6）答辩的时候要针对重点进行有逻辑的、有依据的精准的答辩。

（7）对于总体进行评价。说课的整体内容应该具有逻辑性强、内容丰富、语言精练、意识超前等特点。

四、大学语文课堂教学的听课技能

听课是一种对课堂进行仔细观察的活动，是教师教学研究的一个必要组成部分，每一位大学语文教师都要掌握听课技能，会不会听课，能不能听好课，怎样去评课，关系到语文教师的专业化成长，更关系到新课程理念改革的深入。掌握听课的技能和技巧，既有助于提高教师的课堂教学水平，也有助于教师进行教学反思，不断向专家型教师方向迈进。

听课，是初为大学语文教师的起点。教学中经常出现各种各样的问题，如不知如何向学生讲解传授，如何使学生融会贯通，如何使学生扎实掌握。这就要多听课，虚心接受老教师的谆谆教诲，做到备好每一节课，讲好每一节课，努力完善和充实自己。

听课，是大学语文教师进步的基石。对于一位教师来说，对教材的理解不一定很深，教法也不一定就适合学生，所以讲完后再听课，也是一种进步的途径。讲前听和讲后听都非常重要，每个人有每个人的教学思路与方法，每个人有每个人的优点，如果我们将这些优点尽收脑中，并加以整合和创造，就能形成自己独特的教学风格。

听课，是大学语文教师成长的阶梯。教师总去听课是不可能的，时间也不允许，只有提高自己的听课水平，扎扎实实地听好每一节课，听一节课有一节课的收获，听一节课有一节课的体会，才会使自己的教学更丰富、更具有特色。时间长了，就会从量变到质变，成为一个合格的甚至优秀的大学语文教师。

听课，是大学语文教师自我检验的法宝。听课中，联系自己的教学，看看自己的教学设计有没有需要补充的地方，教学过程是否科学合理，教学方法是否恰当有效，并及时地写在教案中。正是这一次次的修正与补充，使我们的教学越来越科学有效。

但很多时候课讲了，教师也听了，效果却并不理想。当然，原因是多方面的，例如不会听课、没有掌握听课技能。尤其是青年教师，他们缺乏这方面的指导，所以对于"授课""听课""评课"这些最普通的日常教学研究就不加以重视了。

（一）听课前的准备

凡事预则立，不预则废。听课亦如此。大学语文教师在走进听课教室前一定要有充足的准备。

第一，认识课堂，把握课堂特点。在走进课堂前，教师实际上已经对课堂教学有了这样或那样的认识，只不过这些认识在人的头脑中有的明显，有的不明显。每位听课者，都应该在听课前反思、审视一下自己对课堂的认识程度，以免对课堂中的行为有误解，或不能正确地把握课堂的各个方面。例如，听同学科的课要了解作品的主题思想、人物形象等内容，听其他学科的课要在教学理念、教学方法及教学思维上有一定的认识。

第二，反思自己的教学观念。在认识课堂的基础上，大学语文教师要反思自己的教学观念，梳理一下自己对教学是怎样看的，期望课堂上发生什么，不赞成课堂上出现什么样的情况，自己是如何看待教师在课堂上的权威以及教师与学生应该体现一种怎样的关系等。例如，是否面向全体学生施教，是否一切为了学生，是否能客观全面地评价学生等。

第三，了解所听学科、任教教师及教学法。多数情况下，大学语文教师是对大学语文课进行听课，所以对大学语文的教材编写、教学的重点和难点等了解较为充分。但有些情况下，大学语文教师所听的课并不是自己所教的。无论是何种情况，大学语文教师都必须对所听的学科事先进行较为深入细致地了解，知道所选用的教材、这堂课所教的内容在教材中所占的地位、课程标准的有关规定、知识与知识之间的联系等。同时，对任教教师的情况也应有适当的了解。此外，还要了解该学科教学法研究的最新动态。

第四，了解学生的有关情况。在大学里，学生现有的知识水平、班级状况等，也需要听课教师事先加以了解。这样，对于学生在课堂上的行为表现，听课教师就会得出一些初步的解释。

第五，准备听课记录的工具。大学语文教师要选择听课记录的方式方法，做好记录，如纸张、听课记录本、笔等。如果需要一些仪器如录音机、摄像机等，要事先进行试用，以免课上不能正常运行或出现故障。同时，对于课上用什么样的方式方法进行记录，用什么样的方式方法来整理和分析所获得的各种信息，事先也要做好准备。

（二）课上的观察与记录

1.上课前的观察

大学语文教师听课时一般要提前几分钟进教室。提前的时间依听课者的多少及教室的空间大小等而定。大学语文教师在走进教室后，有这四项工作要做：

（1）观察学生状态。观察学生下课活动状况，用以对比其课上表现及行为。

（2）与任教教师攀谈，了解有关情况。

（3）与学生攀谈，了解其对本课知识的掌握及其他情况。

（4）选择自己要坐的位置。走进教室后要注意观察教室的空间布局，尽量选择不引人注目的角落坐下。

2. 上课过程的观察与记录

上课铃声响过之后，大学语文教师也随之进入了紧张的观察和记录状态。教学是涉及教师与学生双边的活动过程。一节课成功与否，不仅仅在于教师讲了多少，更在于学生学会了多少。所以应从单一听教师的"讲"变为同时看学生的"学"，做到既听又看，听看结合，注重观察和记录（写听课笔记）：一听教师怎么讲的，是不是讲到点子上了，课堂教学确定了怎样的教学目标，重点是否突出，详略是否得当；二听课讲得是否清楚明白，目标采用什么方式实现，如何引导学生复习回顾，回顾了什么，学生能否听懂，教学语言如何；三听教师启发是否得当，新课如何导入，包括导入时引导学生参与了哪些活动，创设怎样的教学情境，采取了哪些教学手段，设计了哪些问题让学生进行探究，又是如何探究（设计活动步骤）的；四听学生的讨论和答题，设计了怎样的问题或情境引导学生对新课内容与已有的知识进行整合，安排了哪些练习让学生动手练，使所学知识得以迁移巩固，课堂教学氛围如何；五听课后学生的反馈。

对于学生的学习活动，大学语文教师应该关注：学生是否在教师的引导下积极参与到学习活动中，学习活动中学生经常作出怎样的情绪反应，学生是否乐于参与思考、讨论、争辩、动手操作，学生是否经常积极主动地提出问题等。由于教学是一种学习活动，本质是学而不是教，而且教师活动是围绕学生的学习活动而展开的，因此在关注教与学双边活动时，更要关注学生的活动。

听课不但要听，还要看：一看教师。看教师的精神是否饱满，教态是否自然亲切，板书是否合理，运用教具是否熟练，教法的选择是否得当，指导学生学习是否得法，实验的安排及操作情况如何，对学生出现问题的处理是否巧妙，教师主导作用发挥得如何。二看学生。看整个课堂气氛，学生是注意力分散，还是情绪饱满、精神振奋；看学生参与教学活动；看学生对教材的感知；看学生注意力是否集中、思维是否活跃；看学生的练习、演示、作业情况；看学生举手发言、思考问题情况；看学生活动的时间是否得当；看各类学生特别是后进生的积极性是否被调动起来；看学生与教师情感是否交融；看学生自学习惯、读书习惯、书写习惯是否养成；看学生分析问题、解决问题能力如何；看学生主体作用发挥得如何。

3. 下课后的观察

下课铃声响了，按照一般的理解，好像听课就到此结束了。其实不然，课后仍然可以观察到一些有益的信息，对大学语文教师理解和认识这堂课有很大的参考价值。例如，与学生交谈，了解他们掌握本节课内容的情况，来看看预期的教学目标是否已经达到了，也可以观察一下学生课后是否还谈论着本节课的内容，这实际上也是检测课堂教学效果的一个重要指标。

（三）听课中要思考

我思故我在。学而不思则罔，思而不学则殆。所以，大学语文教师在听课过程中必须多思考才能有进步和提高。

听课一定要注意看实际效果，看学生怎么学，看教师怎样教学生学。思考之后，可以和自己的备课思路进行对比分析，大胆地去粗取精、扬长避短，写出符合自己特点的教案。

（四）听后要讲评

听课的目的是为了使大学语文教师个人和整体教学活动得到改进和提高。因此，听课作为第一感受，必须有反馈式的交流评价，才能有进一步的深化。不管多么优秀的教师的课，都会存在或多或少的问题，不要神化别人，那实际上就是愚化自己。要用自己的头脑去思考、去鉴别，不能全信，不能照搬，应该创造性地吸收，有选择地学习，肯定优点，指出不足，提出建设性意见，或者在具体问题上作进一步的理论探索、实践切磋等。

大学语文教师听、评课是向别人学习的过程，同时也是一种教学创造。经过这样一个准备、听课、观察、记录、思考、评价的过程，大学语文教师才能将别人的教育教学思想转化为自己的理念，提高自己的思想素养，增强自己的教学能量，让自己能够站在一定高度上逐步形成自己的教育思想和教育理念。

总而言之，听课对于大学语文教师来说是学习的过程，是一个反思的过程，还是教学理念建构过程。听课使大学语文教师明智，听课促使大学语文教师革新，听课使大学语文教师的教学实践更加具有挑战性，从而使其在不断反思中走向成熟，大学语文教师要掌握听课技能。

（五）写好听课笔记

随着大学语文课程在高校中的不断升温，公开课、优质课、观摩课为教师互相学习提供了很多机会。在观摩课及公开课中，授课教师可以展现、检查自己的教学经验、教学手法，也可以展示自己的教学能力，其目的是通过互相听课，取长补短，共同提高。听课教师要在课后畅所欲言，发表自己的见解。在评课中要做到有的放矢、中肯不俗，详尽而科学的听课记录就是其主要依据。所以，写好听课笔记就成为大学语文教师听课技能的重要标志，也成为教学科研活动的一个主要环节。长期坚持，对提高教师的教学水平和能力、提高课堂教学质量以及教师的教育理论水平，无疑大有益处。

关于大学语文教师怎样写好听课笔记，有人归纳了七个步骤：①"划步骤"，即记录整节课的教学环节；②"抓转换"，即记录教学环节与环节之间的转换和衔接；③"加备注"，即对课堂教学中除教师语言外有记录必要的东西，用加备注的方式记录下来；④"记学生"，即记录学生的上课情况；⑤"记时间"；⑥"勤评点"；⑦"录板书"。

听课不能为了记录而记录，听课教师不是"摄像机"，不可能也没必要对整个教学活动过程作一番摄录，也不可能像专业速记那样，一字不漏地记录，更不可能记录得面面俱到、洋洋洒洒。听课笔记应讲究听课技巧，记录时做到有所选择，要有独特的观察能力、欣赏能力、鉴别能力、领悟能力、评判能力，要能够把听课时的所听所看变成自己的所感所悟，要学会去粗取精，除了课堂上的重点原始记录外，还应具有概括性、思考性、延伸性，让自己真正从听课中受益。

1. 记录教学过程

记录教学过程是听课记录中必不可少的，应记录授课教师的教学环节、教学思路和教学设计等方面。在记录这些的同时，应注重记录教学中的精华，即课堂中的高潮、别出心裁的手法、优秀的教学设计及特色。要记录教学中的重点、难点，去粗取精，要善于捕捉教学过程中新颖的情节、重点的细节，这样才能为后面的分析、思考及评课积累依据。

2. 记录教学高潮

所谓教学高潮，是指在教师精心的铺垫、巧妙的点拨、恰当的引导之下，课堂上出现的学习激情高涨、学习兴趣浓厚、参与意识倍增的热烈精彩、生动活泼的教学场面。一般来说，处于教学高潮中，学生对教师的教学反应是敏感而强烈的，或是因急于想知道结果而凝神思虑；或是因解决了某一重点难题而释然愉悦；或是为有了新发现而惊奇、欣喜；或是为领悟到了知识内蕴的情理而激动自豪等，此时学生的思维处于异常"觉醒"和高度兴奋状态，富于创造的激情和成功的体验。我们要把这样的教学高潮记下来，要记下授课教师用什么方法将课堂引入高潮、如何巧设悬念、如何激发学生的学习兴趣、如何引发争论等。

3. 记录教学闪光点

无论哪一堂课，都凝聚着授课教师毕生的心血和智慧，都会有闪光点、精妙之处，如课堂中出现的一些精彩的教学片段，教师灵活驾驭课堂教学之巧妙处、善于诱导启发思维之经典处，学生积极动脑智慧闪现之精彩处、善于探究触类旁通之关键处，或一个巧妙的引入过渡承转、一段独具匠心的留白，甚至是一句实用的话、一个贴切的词语等。这些都应重点记录下来，课后慢慢品味、细细揣摩，再将其拿到自己的课堂上去实践印证，这样久而久之，自然就能不断提高自己的教学水平。

4. 记录不足之处

听课时要带着批判和审视的目光，无论多么资深的教师，准备得多么充分，教学过程中也难免会有疏漏失误之处，也一定会有"败笔"，我们应当将其记录下来。课后回顾、梳理和剖析这些"败笔"，静下心来认真思考，以此为鉴，也可以使我们在以后的教学中少犯或不犯同类错误，减少失误，提高教学水平。只有这样，我们才能站在前人的肩膀上去获取成功。

5. 记录疑问之处

对别人的授课，自己持不同看法的地方，用问号标记出来，用以反思、商榷和询问。尤其是在自己与执教者有不同的思考、不一样的环节设计时，更应该记录。同时最好写下自己在以前的课堂中是如何处理这个环节以及这样处理的原因，课后再将执教者的教法与自己的构思进行比较。这样既可以避免以局外人的身份去挑剔别人、看不到别人的长处、不理解别人的良苦用心，又可以避免无原则地认同别人的设计，看不到其思路、方法的不足。

6. 记录感悟之处

在听课过程中，听课教师往往会因为一些特殊场景或一些偶发事件而产生瞬间灵感，激活其思维，使其产生联想和想象，但这些"智慧的火花"若不及时去捕捉并记录下来，就会因时过境迁而烟消云散。因此，要随时记下当时的感想、感悟和收获，这不仅有利于课后评课、交流，更有利于为进行自主反思提供鲜活的素材，同时也为日后写文章积累第一手资料。

7. 记录教学特色

不同的教师有着不同的教学方法，也有自己的教学风格及教学特色，即使同一教学方法也有不同的表现手法。部分教师运用情境交融法、活动交际法、任务型教学法等，部分教师偏重情感教学，有的教师发挥民主教学，部分教师在情境教学中使学生如临其境、自由发挥，部分教师在兴趣教学中让学生笑声不断。在教态上，部分教师和蔼可亲，使学生感到轻松、愉快；部分教师温柔、细致，使课堂秩序井然，教学结构井井有条；部分教师大方活泼，使学生感到亲切自然，课堂气氛浓郁。所有特色，不一而足，听课时记下这些难忘的镜头，必能受益匪浅。

8. 记录板书设计

板书是课堂教学的重要组成部分，是完成教学任务的有效手段。在教学过程中，学生主要通过视觉、听觉和触觉感知教师提供的信息，而视觉又是主要的、效率最高的感知通道。若能够在每堂优质课中，把授课教师脉络清晰、整齐美观、生动形象、一目了然的板书记录下来，就能方便学生学习。

9. 及时撰写听课反思

听课不思考等于没有听，甚至可能会带来负面效应。我们听课的目的是为了借其所长为我所用，见其所短为我所鉴。因此，每次听过课后都应该对听课内容进行及时的反思。

总而言之，写好听课笔记，是大学语文教师对教学负责的表现，是听课技能的展现，有利于教师教学水平的提高和教学经验的总结和积累。

五、大学语文课堂教学的微格演课技能

微格演课是微格教学演变发展来的。微格教学又称微型教学，它是一种以现代教育理论为基础，利用先进的媒体信息技术，依据反馈原理和教学评价理论，分阶段系统培训教师教学技能的活动。微格教学形成于20世纪60年代美国的教育改革运动，斯坦福大学的爱伦等人在"角色扮演"教学方法的基础上，利用摄、录像设备实录受培训者的教学行为，重在分析评价，以期在短期内培训教师掌握一定的教学技能和熟悉教学内容，后来逐步完善形成了一门微格教学课程。20世纪80年代传入我国后，根据其教学的基本原理，微格教学逐渐成为培养准备成为或已成为教师的人掌握课堂教学技能的一种培训新形式——微格演课。微格演课随着我国教学改革的蓬勃开展，已被越来越多的教育专家和一线教师所认识和接受。微格演课的模式不仅能提高受训者的教育教学理论水平和实践课堂教学技能，而且能在短期内较大幅度地提高教学质量和教学水平。

（一）微格演课的操作过程

微格演课共有六个操作过程。

第一，微格演课小组的成员们选定并分解教学内容，分工教学任务，安排教学环节，分配教学时间。微格演课小组先将一节课的教学内容分成若干子单元，然后根据组内的人员数量确定分工，每人可承担一项至两项课堂教学任务。

第二，微格演课小组的每个成员根据所设定的教学目标，设计属于自己的教学内容，并编写出比较详细的教案。微格演课的每个成员在顾及整体教学效果和风格的基础上，侧重考虑自己所承担的教学内容，教学设计要细而又细、精而又精。微格演课的教案要详细说明教师在教学过程中采用的教学行为、使用的教学手段、应用的课堂教学技能和待教学生的学习行为，包括预想的学生反应等。

第三，微格演课小组的每个成员模拟真实课堂实施演课。根据事先设定的教学过程，小组成员们依次进行一个课时课堂教学的模拟教学。在模拟课堂训练中，每位小组成

员在演示自己的教学任务时是教师身份，完成教学任务后就立刻回到座位上转变为学生进行听课，由下一位小组成员继续实施课堂教学，直至一个课时的教学活动结束。

第四，微格演课小组针对模拟课堂教学进行讨论研究，并进行"2+2"评估。在演课结束后，每个小组成员都既要对自己还要对小组其他人的教学活动进行评估和讨论研究。评估时所采用的"2+2"方式，即在评价自己和他人教学时重点讲两条肯定性意见和两条改进性建议。

第五，演课小组成员第二次演课。评估结束后，每个小组成员根据他人所提的评估意见修正自己的教学设计，紧接着进行第二次演课。第二次演课既是对评估意见的接受，也是对改进建议的检验。

第六，演课小组成员定型整合教学设计。小组成员依据教学目标将各个步骤进行科学有序的整合，然后移植于真实课堂。

（二）微格演课遵循的原则

微格演课要遵循五个原则。

第一，科学性原则。微格演课过程中，无论是教学任务的分解还是教学过程的设计、教学方法手段的使用、课堂练习等，都遵循了科学性原则。

第二，化大为小、逐项训练原则。微格演课将教学内容和教学过程先行分解，化大为小，目的就是为了逐项训练受训者的课堂教学技能。

第三，自主合作探讨原则。微格演课过程中既有自主设计教学，又有小组合作探究，这样既充分发挥了个人的聪明才智，又聚合了小组合作探究的集团智慧，更便于有针对性地指导受训者课堂教学技能的提高，可谓一举三得。

第四，及时反馈原则。微格演课的一个重要特征就是注重及时反馈。一个课时的演课后，受训小组立刻进行"2+2"教学反馈。根据反馈结果，受训者立刻进行教学调整。

第五，紧密衔接原则。演课过程中，由于是不同受训者连续完成一个教学课时的教学任务，所以，受训者之间必须遵守紧密衔接的原则，使课堂过渡自然。

（三）微格演课应该处理好的问题

微格演课应处理好六个问题。

第一，受训者之间、教学环节之间过渡衔接的问题。微格演课是几个受训者合作完成一个课时的教学任务，各个受训者承担着不同的教学任务，实施不同的教学环节，训练着不同的课堂教学技能，所以彼此之间恰当自然的过渡衔接就显得至关重要。

第二，受训者之间合作和谐的问题。微格演课是一个演课小组智慧的集中体现，所以各个成员应友好合作、和谐相处、取长补短、平等相处、相互尊重、共同提高，积极训练课堂教学技能。

第三，受训者个体的设计风格与整体教学设计风格的一致性问题。微格演课任务分解后，每个受训者会精心设计自己的教学，训练自己的教学技能，但是优优组合并非等于更优。所以演课过程中，每个受训者要注意彼此之间教学风格的一致性，使学生感到虽然是多名教师在组织教学，但整体感觉就是一个教师在进行教学。

第四，受训者讲解过程和板书的关系问题。在微格演课过程中，从导入技能的训练开始到讲解技能、提问技能、演示技能、组织活动技能、合作探究技能、结束技能等的训练中，每个受训者都要协调好板书问题。例如，什么时候写什么内容，写在黑板的什么位置，什么字体，字写多大，板书设计是图示式、提纲式还是表格式等。

第五，受训者之间教学时间分配的问题。在微格演课过程中，每个受训者都要有时间观念，恰当地利用时间，避免出现有的受训者占用时间过长、有的受训者则过短的情况出现。

第六，教学目标、教学重点和教学难点之间的关系问题。每个受训者虽然都在精心准备自己所承担的教学内容，但是一定要为教学目标服务，突出教学重点，突破教学难点，不要为表现自我而破坏了整体教学。

总而言之，微格演课是培训即将成为教师或已是教师的人掌握课堂教学技能的新形式。这种新形式不仅科学而且高效，不仅能提高受训者的实践课堂教学技能，而且能提高教育教学理论水平。

第三章 大学语文教学模式构建

第一节 大学语文的情境教学模式

大学语文是重要的交际工具，相对于中学语文而言，它更注重学生能力的培养、人文精神的熏陶，是为提高大学生的综合素质开设的一门公共课。在当今竞争激烈的时代，大学语文的存在对高素质全面发展的人才的培养，有着不可或缺的作用。因此，在大学语文教学中，如何从学生角度看语文教学，把语文学科的基础性和人文性结合起来，让学生喜欢学习，真正读懂作品内涵，提高语文素养，是大学语文教学面临的重大问题。

一、大学语文情境教学模式的作用

情境教学模式，亦称为视听教学，指在教学过程中，教师根据教学内容有目的引入或创设具有一定情绪色彩的、以形象为主体的生动具体的场景，以引起学生的表达兴趣、态度体验，从而帮助学生理解教材，培养学生语文知识的理解和应用能力。情境教学模式的核心在于激发学生的情感，主要借助多媒体、图片、故事、音乐等方法结合课程内容创设教学情境，提供调动人的原有认知结构的某些线索，经过思维的内部整合作用，人就会顿悟或产生新的认知结构。情境所提供的线索起到一种唤醒或启迪智慧的作用。可以很好地激发学生的学习兴趣，调动学习的主动性、积极性。

一切知识都是从感官开始的。在教学过程中，学生认识规律的一个重要方面：直观可以使得抽象的知识具体化、形象化，有助于学生感性知识的形成。关于情境教学的陶冶功能，早在春秋时期的孔子就把它总结为"无言以教""里仁为美"；北齐学者颜之推进一步指明了它在培养教育青少年方面的重要意义，即"人在年少，神情未定，所与款狎，熏渍陶染，言笑举动，无心于学，潜移暗化，自然似之"。情境教学可以为学生提供良好的暗示或启迪，有利于锻炼学生的创造性思维，培养学生的适应能力。人要受环境的教学和教育，因为人有可暗示性。人身上天然存在着接受暗示的能力，接受暗示是人的一种本能。人创造环境，同样环境也创造人。

二、大学语文情境教学模式的途径

（一）图画再现情境

图画再现是展示形象的主要手段，用多媒体准备图画再现课文情境，实际上就是把课文内容形象化。课文的时代背景、作家的创作经历、与课文内容有关的图片故事等都可以用来再现课文情境。通过背景，激起学生广远的联想。

（二）音乐渲染情境

用音乐渲染情境，关键是选取的乐曲与教材的基调上、意境上以及情境的发展上要对应、协调，使人心驰神往。以特有的旋律、节奏，塑造出音乐形象，把所选的音乐与教学内容密切结合，浑然一体，事半功倍。

（三）表演体会情境

角色扮演中所展示的情境贴近学生的思想、情感和实际生活，有利于情境中蕴含的情感与人生哲理契合学生理解，从而使语文课的教学富有感染力和实效性。

（四）语言描述情境

情境教学十分讲究直观手段与语言描绘的结合。在情境出现时，教师伴以语言描绘，这对学生的认知活动起着一定的导向性作用。语言描绘提高了感知的效应，情境会更加鲜明，并且带着感情色彩作用于学生的感官。学生因感官的兴奋，主观感受得到强化，从而激起情感，促进自己进入特定的情境之中。

三、大学语文情境教学模式的实施

（一）课前精心准备，根据教学内容设计课件

情境教学模式的实施在课前需要大量的备课：查阅资料、准备相关图片、准备视频录像、选择适合的音乐背景、根据教学内容设计具体步骤。课前充足细致的准备，精心设计的教学环节，不仅使课堂节奏紧凑，图文生动形象，而且能拓展课堂空间。

（二）结合课程内容创设情境，开阔学生视野

大学语文内容丰富，历史年代跨度大，是千年汉语言文化的历史积淀，语文教学把多媒体教学和传统的教学模式相结合，突破时间、空间的限制，将教学内容中涉及的事物、情景、过程等全部再现于课堂，克服以往单纯靠口头语言、文字、符号获取知识的单调枯燥，变静止为动态、变微观为宏观、变抽象为形象，加大课堂教学的信息量，激发学生学习兴趣，调动学习的主动性，提高教学效率。

第一，语言描述情境。使用动情、流畅的语言描绘，引导学生进入特定的情境之中：①概括介绍时代背景；②作品的历史地位评价；③讲解作者生平经历、写作具体背景，对与作品有关的情节重点介绍，注意语速、语气的转换运用。通过语言描绘创设情

境，突破时间，空间的限制，这样的语言使课堂一开始就笼罩了浓重的文化气氛，使得学生的思维与课本内容的氛围相融合，这对于后面的教学内容起到了引领作用。

第二，使用具有时代特征的画面、音频、视频资料，再现情境，引起学生的情感共鸣：①要设置思考性问题，引领学生质疑、探究；②透过文字的表面深入其中去阅读、去思考、去感悟；③按照学生的认知规律一步步指导学生进入历史知识的深处，深刻地把握教材内容，达到明理、导行的目的；④归纳问题，要注意技巧性、层次性、针对性。

第三，以角色扮演，渲染情境。①根据教学内容，准备场景图片道具；②设置角色，引导学生进入角色，再现课文中经典对白；③引导学生分析感受，加深内心体验；④教师总结。

总而言之，在教学中，教师应尽可能创设良好的情境，发挥教师的主导作用，并积极赢得学生的配合。促进师生之间的情感交流，触及学生的精神和意志的需要，提高教学效果。重视学生的情感体验，是情境教学的要求，更是课改核心的要求。在实施语文教学的过程中，精心选择和恰当运用各种方法，创设环境、激起情绪，单篇欣赏与项目教学相结合，使大学语文的学习变得系统、深入而具体；传统文化与流行文化贯通能使大学语文变得亲切而易产生共鸣；平面化到立体化的教学手段结合，能更好地发挥语文学科的教育功能，激发学生学习兴趣，调动学生学习积极性，使学生各种能力得到全面锻炼，实现语文教学的目的。

第二节　大学语文的项目化教学模式

项目化教学是一种以项目为中心的合作探索型教学模式。从具体实施来讲，就是从教材中抽取某一个知识点或寻找一个角度，从中引申提炼成一个项目，对教材内容重新整合，并以这个项目作为研究的载体，授课内容围绕项目展开。这样，不但有利于将知识系统化，而且能有效拓宽学生的知识视野，充实学生的知识储备，激发学生的学习兴趣，对于沟通课堂内外，扩大教学内容的外延也大有裨益。

在教育改革实践中，要紧紧抓住整合与延伸两个关键环节，尝试将"项目化"模式引入大学语文的教学之中。大学语文的教学不仅使学生习得单篇文选的知识，还应以点带面，增强授课内容的人文性。"对于中国古代文选，应将传统文化知识渗透在讲授中，最好能联系现实生活，给学生以启迪和思考的空间。"①基于此，将教材中关于魏晋南北朝时期的4篇文选整合为一个项目——魏晋风流，延伸出四个板块：建安文学、正始之音、竹林七贤和陶渊明的理想世界。在讲授这个项目之前，布置学生课前了解魏晋南北朝的历史。上课时，先提出两个问题：①我们学习过这个时期的哪些诗文；②说说所知道的这个

① 龚贤武.大学语文专题化教学模式探索［J］.文学教育（下），2012（10）：42-43.

时期的著名历史人物。在学生回答这些问题的基础上，归纳出这个时代的特点，然后进入第一个延伸板块——建安文学。

第一，建安文学：首先介绍的是"三曹"。曹操是建安时期杰出的文学家和建安文学新局面的开创者，开创了建安文学的新风气，风格清俊通脱。曹丕擅长诗文及辞赋，其名作有《燕歌行》《与吴质书》等，他的文学理论著作《典论·论文》是文学自觉标志。曹植是第一个大力创作五言诗的作家，他把文人五言诗的发展推到了一个前所未有的高峰，标志着文人五言诗的完全成熟，他的散文和辞赋也表现出了很高的思想性和艺术性，有《洛神赋》美不胜收。对于曹操，要引导学生以正确的历史观去看待这一历史人物。为丰富课堂内容和加强讲授的趣味性，在授课中穿插了曹植"七步成诗"的故事。其次介绍"建安七子"，以王粲为重点，教材中有他的《七哀诗》，他在七子中文学成就最为突出。在讲授中穿插曹操对于人才的渴求和他的用人观。最后归纳"建安文学"的特点。

第二，正始之音：先让学生简单了解正始时期的时代特征和文学特征。正始是魏废帝曹芳的年号，曹芳8岁登基，由大将军曹爽，以及太傅司马懿辅政，士族衰微。曹魏后期，政局混乱，皇帝昏庸无能，司马懿父子掌握朝政，废曹芳、弑曹髦，大肆诛杀异己。正始时期的诗人，政治理想落潮，普遍出现危机感和幻灭感。此时的诗歌也与建安诗坛风貌迥异，反映民生疾苦和抒发豪情壮志的作品减少了，抒写个人忧愤的诗歌增多了。这一板块重点介绍的人物是何晏，由其清谈引申出魏晋玄学，由其服药引申出魏晋服饰文化。此板块未谈及重要作家的代表性作品，与原教材缺乏联系。

第三，竹林七贤："七贤"也属正始名士，嵇康、阮籍、山涛、向秀、刘伶、王戎及阮咸七人常聚在当时的山阳县（今河南辉县、修武一带）竹林之下，肆意酣畅，世谓竹林七贤。在文章创作上，以阮籍、嵇康为代表。阮籍的《咏怀》诗82首，多以比兴、寄托、象征等手法。嵇康的《与山巨源绝交书》，以老庄崇尚自然的论点，说明自己的本性不堪出仕，公开表明了自己不与司马氏合作的政治态度，文章颇负盛名。为渗透文化内涵和增加授课内容的趣味性，在这一板块穿插了嵇康在音乐方面的成就和刘伶的好酒，让学生对中国古代的音乐文化和酒文化有初步的了解。

第四，陶渊明的理想世界：首先让学生回顾《桃花源记》，在这里陶渊明为我们描绘了他心目中的理想世界。陶渊明被称为"隐逸诗人之宗"。他的创作开创了田园诗的体系，使我国古典诗歌达到了一个新的境界。从古至今，有很多人喜欢陶渊明固守寒庐、寄意田园、超凡脱俗的人生哲学，以及他淡泊邈远、恬静自然、无与伦比的艺术风格；讲授中对陶渊明归隐田园的原因以及他的隐居生活情况进行分析。桃花源的理想世界是陶渊明现实田园生活的升华，启迪学生理解陶渊明对人生所进行的哲学思考，连同他的作品一起，为后世的知识分子建立了一个精神家园。一方面，可以让他们与虚伪、丑恶划清界限；另一方面，可使他们得以休息和逃避。

在讲授了四个板块的内容之后，归纳出魏晋人士的生活作派，实际是为学生展示了四种对待人生的态度：①提高生命的质量；②延长生命的长度；③增加生命的密度；

④不以生死为念，顺应自然。最后让学生联系生活实际，思考每个人应该怎样面对自己的人生。

第三节　大学语文的智慧课堂教学模式

大学语文智慧课堂教学模式以"建构主义"教育理论作为重要理论依据。建构主义理论的核心观点认为，教学要以学生为中心，教师在课堂教学中承担着指导者和促进者的角色，利用情境、协作、对话等学习环境要素充分发挥学生的积极性、主动性和创造性，最终达到学生对当前所学内容的意义有效建构的目的。因此"建构主义"教育理论倡导以学生为中心，主张把课堂还给学生，让学生自主自发学习，在教学中非常重视智慧教学环境的创建，采用互动、合作的学习方式。

一、大学语文智慧课堂教学模式的教学目标

大学语文智慧课堂以培养具有良好汉语（普通话）表达、朗读、应用能力，文学鉴赏能力和热爱、传承祖国优秀文化的高素质人才为目标。将知识与技能、过程与方法、情感态度与价值观细化到具体教学环节，根据"三全育人"要求，将课程思政有机融入教学目标，形成课堂教学多元多维目标。例如：《牡丹亭·游园》一课将了解汤显祖与《牡丹亭》、掌握"游园"片段的基本内容、了解《牡丹亭》的经典价值作为知识目标；掌握《牡丹亭·游园》的四种学习方法、掌握相关朗诵技巧，由古诗文学习方法的掌握向认识思维能力提升正向迁移构成能力目标；将体会杜丽娘的人生情感发展成长历程、树立正确的人生观和价值观、珍惜青春与美好爱情设定为情感目标；将课程思政教学目标设定为引导学生认可并主动接受经典文学作品。

二、大学语文智慧课堂教学模式的教学环境

大学语文智慧课堂依托大数据、云计算、人工智能、虚拟仿真等现代信息技术，创设了智慧资源共建共享、教学平台强力支撑、学习记录精准分析、交流互动实时在线、教学效果智能检测的全方位、立体化的智慧教学环境。智慧教学平台将智能硬件设备、智慧管理系统、智慧教学资源等整合起来，为智慧教学环境提供设备基础和智能支撑。智慧教学平台包括智慧教室平台、交互式智能白板、各类教学 App、虚拟仿真技术平台等；智能硬件设备除了计算机和网络基础设备外，主要有台式电脑和手提式电脑、PAD 以及PPCLASS、智能手机、可穿戴设备等教师端和学生端的智能设备；智能管理系统主要提供教学资源管理、课堂录制与服务、在线课程管理、作业任务管理、在线教学评价、智慧学习空间等；智慧教学资源包括线上线下资源，主要内容有课程标准、多版本数字化教材、

有声电子课本、阅读资源、网络课程资源、慕课（MOOC）、微课、多媒体素材、教案、课件、作业库、考试题库、教学动态数据等。智慧课堂实现教学环境"线上线下一体化、课内课外一体化、虚拟现实一体化"。

三、大学语文智慧课堂教学模式的教学活动

智慧课堂的教学活动主要有课前自学、课中内化和课后拓展三个环节，活动主体以学生为中心，以教师为主导。研究以大学语文为例，探讨智慧课堂的教学活动构建与应用。

第一，课前的活动。教师根据学情调研进行教学设计，在学习通（或云班课、智慧职教、畅言智慧课堂等）教学平台发布学习资源（微课、课件、朗读音频、文字资料等），推送学习任务（知识测试、探究作业、讨论课题等）和调查问卷，及时跟踪学生完成任务情况，实时交流讨论。学生通过线上线下自学相关资源，掌握课文的基础知识和内容，如作家生平、作品创作背景、文本基本内容和诵读要点等；完成教师发布的线上任务和调查问卷，参与线上讨论，提出问题和疑惑，实现课前自主学习。

第二，课中的活动。教师依据学生课前自主学习情况和完成任务效果调整教学设计，通过分角色朗读、故事表演、Flash 动画等创设情境，激发学生学习兴趣；通过答疑、总结、诵读训练等方式巩固学生基础知识和技能，学生通过展示探究作业、完成随堂测试检验学习成果；利用学习通等教学平台，通过教师、学生范读掌握诵读技巧，师生高效互动、合作解决教学重难点，完成课文思想内容的理解、语言艺术和意境的赏析；课堂教学中融入课程思政，让学生深入认识优秀传统文化的经典价值，进一步提升文化自信和民族自信，实现课中内化。

第三，课后的活动。教师回顾整理课堂内容，进行总结反思，并在平台上布置作业和拓展任务，学生按时完成任务并提交拓展作业，如课文《牡丹亭·游园》课后要求学生朗读全文并上传至平台，完成知识测试，观看昆曲《牡丹亭》演出并完成一篇观后感。教师通过评选优秀学生作品，汇聚电子杂志，发布到学习通、云班课、公众号、微博等平台，学生通过阅览、点评、转发等方式进行推广，实现课后学习拓展和能力提升。

四、大学语文智慧课堂教学模式的教学方法

智慧课堂充分采用翻转课堂、任务驱动、情境教学、小组讨论、BYOD 教学法、合作学习、分角色扮演等多种方法打破传统课堂的灌输模式，增强师生之间的实时交流和互动，从而提高学生的学习积极性，真正实现智慧的教和智慧的学。

翻转课堂通过颠倒安排知识教学和知识内化过程，将知识学习安排在课外完成，由教师或进行项目任务、筹备活动的学生录制微课，并通过智慧教学平台推送给学生，完成知识学习，课上主要解决教学重难点问题，促进知识内化。教师从知识的传授者变成学习的指导者和推动者，学生从知识的被动接受者变成学习的主动求知者，成为整个教学过程

的中心，从而完成课堂的翻转。

第一，任务驱动的教学方法。主要利用智慧教学平台前设任务，能为学生提供体验工作实际和思考问题的情境，以任务来驱动学生进行知识学习和问题探究，以任务的完成结果来总结学习过程和检验学习效果，激发学生的学习动力、积极性和创造性，使学生主动建立自学、思考、提问、探究、实践、解决、完善的智慧学习体系。

第二，合作学习，也称小组合作学习，在课前、课中和课后均可完成。学生为了完成共同的目标，进行明确的责任分工和互助学习。教师通过组织智慧课堂，提供学习资源，帮助学生合作交流，促进他们的积极互动，从而完成教学目标，提升学习效果。

第三，角色扮演法也称情境模拟法。在大学语文课堂教学中，学生扮演故事、小说、剧本等文本当中的人物进行表演，顺利进入教学情境，掌握课文内容，体会人物情感。"角色扮演法课前和课中均可进行，课前可录制表演视频进行线上展示，课中可现场表演，学生通过智能平台发送弹幕进行实时互动。"[①]

五、大学语文智慧课堂教学模式的教学评价

智慧课堂综合评价体系具有评价主体多元化、评价内容多维化、评价方式多样化的特点。评价主体多元化是指评价体系中包括平台智能测评、教师评价、学生自评和生生互评，部分校企、行业合作课程还要加上企业导师和行业专家评价；评价内容多维化是指将理论知识、能力提升、情感素养、课程思政等作为主要内容进行多维度评价；评价方式多样化指的是将过程性评价、诊断性评价和终结性评价进行综合运用，形成科学的、动态的评价结果。在信息技术的支持下，智慧课堂综合评价体系可以及时跟踪教学全过程，并迅速反馈至教师、学生、学校、家长等，有效地推动教学改革和创新，完善教学体系，提升教学质量。

第四节　大学语文的翻转课堂教学模式

随着教育理念的不断发展，人们越来越清晰地认识到，传统的教学模式已经不能满足当今社会发展和教育革新的需求，现今社会所需要的是以人的素质和能力为主要关注点的教育。在这样的教育大背景下，翻转课堂这种新型教学模式应运而生，"翻转课堂"译自"Flipped Classroom"，是近年来新兴的一种课堂教学模式，起源于美国科罗拉多州林地公园高中，被孟加拉国裔美国人萨尔曼·可汗创立的可汗学院大力推广后，翻转课堂成为全球关注的一种教学模式，对现代教育发展产生了深刻的影响。

---

① 陈金晶. 大学语文智慧课堂教学模式的创建与应用研究 [J]. 佳木斯大学社会科学学报，2021，39（2）：219-222.

翻转课堂中的"翻转"也可以理解为"颠倒",翻转课堂即将整个课堂的教学过程颠倒进行:在课前,学生通过教学视频等材料自主完成学习内容,在课堂上则用来进行讨论交流、解决问题。以下对翻转课堂在大学语文教学中的运用加以阐释。

一、大学语文翻转课堂教学模式的适应问题

第一,基础性。语文学科的基础性决定了翻转课堂相比传统教学模式更适合大学语文课程教学。在没有接受学校的教育之前,汉语作为中国人的母语,每个人都在自学自悟的方式下学习了语文,人们已经对于自主学习母语知识习以为常。因此,更加具有自主性和弹性的翻转课堂适合运用在语文学科之中。

第二,人文性。大学语文课程的人文性也同样决定了其使用翻转课堂教学模式的优势。大学语文教材中拥有众多文质兼美的文学作品,在传统教学当中,学生很难在课堂上通过短时间内教师语言的描绘对课文当中的语言、情感、内涵等进行深入的体会和理解。"而使用翻转课堂教学模式,学生通过在自主学习过程中细致的诵读、微视频中形象直观的图像和声音以及课堂上同学间的讨论交流,可以获得更加丰富的审美体验。"①

第三,工具性。大学语文课程的工具性更加确定了翻转课堂在这门课程当中的适应性。语言是交流的工具、思维的工具,是知识、信息的载体。人类文明通过语言文字得以传承,也正是有了语言文字才有了现代科技的发展。因此,鉴于语文的工具性,在大学课堂上应该增添思考、交流的课程内容。在传统教学中,由于教学内容较多,学生极少有机会在课堂上交流、讨论。而翻转课堂这一教学模式的采用,使学生增加了交流的机会,学生可以通过生生讨论和师生交流来完成知识的纳入。

二、大学语文翻转课堂教学模式的实施策略

(一)课前的教学设计策略

课前的教学设计是所有教学活动开展的基础,也是决定教学效果的重要因素之一,尤其是在翻转课堂教学模式中,教师的课前教学设计发挥着举足轻重的作用。

1. 教师课前准备

(1)制作教学微视频。教学微视频的制作是翻转课堂教学模式成功与否的重要前提。

第一,教学微视频的形式。首先,从视频长度上看,适于大学语文教学的微视频每个8～10分钟为宜。为了保证学生更有效地接受信息,需要很好地把握视频的长度。8～10分钟的视频长度恰好符合学生注意力集中的时间范围,符合学生身心发展规律。过长会减弱学生的学习注意力,过短则无法将所要表达的课程内容完整地展示出来。教师应该抓住学生学习的黄金时间,简明扼要、重点突出、循序渐进地展开教学内容。其次,从视频数

---

① 李超. 翻转课堂教学模式的大学语文教学 [J]. 山海经:故事(上), 2019 (5): 108.

量上看，大学语文教学可以依据具体情况，每篇课文制作 1 ~ 3 个微视频，每一个微视频都是对一个特定问题有针对性的讲解，要做到教学目标明确，主题突出。再次，从视频声音上看，大学语文微视频的录制中，教师本人必须做到语言准确、表述清晰、语音标准、语速适中、语气亲和、声音洪亮，同时从设备上看，还应该选择品质较好的耳麦避免电流声干扰，以保证学生完美的自学体验。最后，从画面上看，大学语文的微视频中也只有教学内容的呈现而不出现教师形象。可以采用单纯 PPT 界面、可汗学院教学模式即手写板影像、电子屏幕、电子白板等形式，这样的设置使教学信息清晰明确，排除了干扰知识接受的因素，有利于学生注意力的集中。

第二，教学微视频的内容。由于微课的时间限制，把课堂的全部内容放到视频中是不现实的。因此，在大学语文微课教学的过程中，应该选取能够提起课文全篇的问题切入点，在比较短的时间里，向学生呈现能有效激发学生学习兴趣的内容。例如，《史记·刺客列传（节选）》属于文言文，而篇幅将近 4000 字，整个课文的翻译、讲解无法在一个微课视频中涵盖。但教师可以选取两个切入点，其中的重点文言字词、特殊句式的讲解等内容放在其中一个教学视频中，再制作第二个教学视频，展开对于文本主题的解读和分析。通过第一个教学视频，学生厘清了字词，理解了整个文章的大体意思；通过第二个教学视频，激发了学生对于文本人文精神层面上的关注，有效地调动了学生的学习兴趣，达到了事半功倍的效果。

（2）制作其他配套教学资源。微课中除了教学视频以外，还应该包括素材课件、练习测试、学生反馈及教师点评等配套教学资源，这些资源与教学微视频配套使用，全方面辅助学生自主学习。传统教学模式中，教师几乎把教材当作课堂教学的唯一资源，从而导致课堂教学内容古旧、脱离实际，而翻转课堂的教学除了从时空上对教学内容进行了重新分配以外，还应该从课程资源上紧跟时代发展。这就要求教师顺应科学技术的发展潮流，依托网络和行业发展，充分开发丰富的教学资源。

2.学生课前安排

（1）观看视频：学生在课前学习视频是翻转课堂教学的开端，这一环节的有效性直接决定翻转课堂的教学效果。首先，学生在观看视频时应该创设一个比较安静的学习环境；其次，学生观看视频可以使用暂停回放功能细致观看；最后，学生观看视频可以利用视频学习的优势多次观看，教学微视频的多次观看有利于学生对于教学内容及问题逐步深入的理解。

（2）练习：课前练习是检验课前微视频学习效果的重要方式，是完整的翻转课堂教学过程不可或缺的组成部分。在大多数情况下，学生认为自己对教学内容听懂了，但事实上，并不一定理解了。通过完成作业，学生能够有效地检验自己对于教学内容的理解水平。有的教师在教学网络平台中的练习测试部分中设置了"通关"设计，只有学生答对才能继续学习，这种"通关"设计可以使学生能够较长时间保持学习热情，对于不断夯实学生的知识基础起到积极作用。

（3）任务：在实际教学实践中，有时在实施课文"翻转课堂"的课前内容中，还需要安排和教学内容有关的任务。例如，《史记·刺客列传（节选）》即可安排学生课上表演荆轲刺秦王前诀别的情景，这就需要学生课前去揣摩文字背后的人物性格、环境氛围，应该用怎样的语气、神态、动作去表现人物，使人物性格更加丰满，贴近文意，这样的任务安排有利于学生对课文的深入理解。

（二）课堂的教学设计策略

翻转课堂与传统教学的不同不仅是在教学过程的颠倒，更重要的是，翻转课堂提供给学生更多语言表达的机会、更多主动思考的机会、更多积极探究的机会、更多讨论交流的机会，使课堂由以教师为主体转变为以学生为主体。同时，翻转课堂也对教师的业务能力提出了更高的要求，使教师的角色更加多面化、专业化。

第一，提出问题、思考探究。创新能力对学生的学习和发展有着重要的价值和意义。然而，在传统的课堂中，由于课堂教学内容较多，培养学生创新意识的思考探究过程往往由于时间原因被搁置。在翻转课堂中，学生由于课前观看微视频，在课堂上就有了更多思考和探究的机会。学生可以提出课前观看视频和做练习中出现的问题与困惑，教师则从中选取有探究价值的问题，引导学生对问题进行思考探究。在这个过程中，教师要关注和帮助有困难的学生，及时提供积极引导。

第二，讨论交流、汇报展示。教师引导学生根据兴趣，每6~8人为一小组，以小组为单位选择相应的题目进行讨论交流、汇报展示。在这一环节中，教师随时可以加入小组讨论，一方面，引导小组讨论活动的顺利展开；另一方面，有助于了解小组内的讨论进度，把握课堂进度。小组合作是翻转课堂中非常重要的环节。小组既可以课下组建也可以课上组建。课下组建的小组可以将许多问题在课下组内解决，组内不能解决的问题，课上组间解决，或与教师交流解决。翻转课堂中，学生变得极为活跃，讨论交流增多、发言展示增多，虽然这样的课堂看起来不像传统的课堂那样秩序井然，但这样的课堂仍然是成功的。

第三，总结反思、拓展提升。教师根据学生展示出的知识掌握水平，有针对性地引导学生对所学内容进行反思和总结、拓展和提升。对于教学内容掌握程度较好的学生，教师可以为其准备一些有深度的学习内容，满足其对于知识深入探索的兴趣。在这样的课堂中，学生所获得的不仅是对课程内容的深入理解，更重要的是提升了学生的学习积极性，培养了学生的团队意识与沟通协作能力，发展了学生的创新思维和解决问题的能力。

三、基于慕课的大学语文翻转课堂教学模式

"慕课是一种大规模的在线教学课程，教学对象面向全体人员，实现更大范围的资

源共享。"[1]慕课教学模式强调学生的自主学习性，学生可以不受时间和空间的限制，在任何时间和地点自主学习，教学成效较为可观。

（一）运用"慕课"翻转课堂

"慕课"比较重视教师和学生的互动，教师进行嵌入式问题的布置，学生必须通过在线答疑才可以进入下一个阶段的学习，如同玩游戏闯关一般的学习模式，非常符合年轻学生的学习特点，翻转课堂的教学模式在"慕课"中就可以得到良好的实现。学生在课堂外先通过"慕课"视频预习，掌握知识要点，提出自己的疑虑，然后在课堂上和教师、同学针对性地进行探讨和解惑，从而达到更好的教育效果。以教师作为课堂的中心变为以学生作为课堂的中心。利用"慕课"实现翻转课堂，可以将线上与线下活动相结合，提升教学质量，保证学习效果。

（二）组织慕课形式的课堂教学

慕课教学模式更加注重学生的个体感受，通过优质、精短的教学视频，将重点内容传授给学生的同时，还提升了学生的学习信心；通过设计嵌入式问题，一层一层地引导学生投入其中，保持长久的学习兴趣。

第一，多元化的学习元素。慕课是一种理想课堂的具体表现，主要是以视频的形式来展示更受学生欢迎的学习元素。视频内容可以将慕课教学中多个内容生动还原，并以更加轻松的沟通方式阐述视频制作中的关键所在，有助于丰富教学内容，提升教学成效。

第二，情感的交流和活动。慕课教师在录制视频时应该习惯镜头的捕捉，从而为学生营造更为可观的听课氛围。但是由于网络环境下教学者和学生之间是分离的，很容易出现情感交流的缺失，影响到慕课教学成效。慕课应该吸收传统课堂教学中群体交流优势，丰富慕课的教学功能，有助于学生更为深刻地感受学习内容，提高自身的艺术鉴赏能力。

第三，微课程单元设计。慕课作为一种新式教学模式，一般情况下在微课平台上发布的视频以优质、精短为主，主要是将教学知识压缩、提炼后，时间保持在15分钟以内，为了能够在教学视频播放期间保持学生的注意力，可以将教学活动分为几个段落，每个段落保持在15分钟之内，这样有助于知识点更加细致地展现在学生面前，使学生保持长久的注意力，进而优化时间管理。与此同时，慕课还可以强化师生之间的互动和交流，及时有效地解决学生存在的困惑，提升教学成效。

（三）慕课教学模式与翻转课堂的整合

在大学语文课堂教学中，师生之间应该建立密切的联系，在互动和交流中产生思想

---

① 张亦婧. 慕课视角下大学语文翻转课堂教学模式研究 [J]. 高考，2018（35）：20.

的碰撞，获得更加丰富的情感体验，加深对知识的理解和记忆，但仅依靠慕课教学模式很难满足上述需求，整合慕课和翻转课堂教学模式，有助于创新传统教学理念，进一步优化学习流程，取得较为显著的成效。利用慕课教学模式构建大学语文翻转课堂，有助于发挥线上和线下教学优势，拉近学生和教学者之间的距离，提升教学质量。

第一，全面翻转。大学语文课堂教学能够利用慕课教学模式，让学生在课前掌握学习要点，在课上同教师的互动和交流中解决学习中的困惑，提升学习成效。例如，在《怀念萧珊》教学中，学生在慕课教学平台上观看视频，可以了解到作者、创作背景和具体的内容，深入把握作品思想，厘清脉络，构建有意义的学习活动。所以学生在课堂上可以拥有更多的时间去积极拓展、答疑解惑、讨论交流，发表自身的见解。在学习此篇文章的同时，教师还可以借此延伸阅读范围，引导学生去阅读其他的文章，诸如《再忆萧珊》，有助于丰富学生的阅读体验，养成良好的语文素养。

第二，半翻转式。大学语文教学中，鉴赏是其中重要的组成部分。利用慕课视频组织鉴赏教学，由于师生之间缺少互动，所以缺少良好的语言环境，更多的是教师将自身的感悟和体验表现出来，对于学生的个人感悟存在一定影响。例如，在《蒹葭》教学中，学生在慕课平台上可以感受到文章主题内涵，了解更多的文学常识，在相配套的练习中提升语文能力。在课上，由于学生已经对文章有了一定的基础，所以只需要在教师的引导下更深入体会语言修辞手法和写作意境，在教师提出的问题引导下多方位、多角度思考和分析，培养高水平的逻辑思维能力。

总而言之，"互联网＋教育"背景下，大学语文不仅是技术的革新，更重要的是理念和教学方法的改变和创新，教学者要以学生为中心，发挥"慕课"翻转课堂模式的优势，对慕课教育的教学内容和课程构架进行合理的设置，使教学内容能够符合当代学生的实际情况，针对各类学生的特殊性，来确定合适的教学方法。除此之外，"教师更要不断更新教学观念和学习信息化教学方法，从而更好地促进当代教育的开展，提升大学语文的教学水平，提高当代大学生的综合文化素质，为他们未来的就业和生活都打下坚实的人文基础"。①

---

① 孙丽丽．翻转课堂在大学语文教学中的运用［J］．吉林教育，2016（9）：3-4.

第四章　大学语文教学策略探究

第一节　大学语文教学策略制定的原则

"随着教育信息化的发展，信息化技术手段在大学语文课堂的利用也逐渐增多"[①]，下面主要探讨基于网络辅助的大学语文教学策略制定原则。

一、确立以学生为中心的新型师生关系

师生关系不仅决定了网络辅助教学在课程教学中的功能定位，也决定了学生对网络辅助教学的价值判断和情感态度。学生对网络辅助教学的参与程度决定了这种教学模式的效果。在网络辅助教学之中，只有将学生作为学习的主体，才能真正调动他们对教学活动的行为参与、情感参与和认知参与。

在网络教学中，由于教师和学生在地理位置上相分离，如果采用以教师为中心的教学策略，效果不好。因为以教师为中心的网络辅助教学，与以教师为中心的课堂教学一样，把学生放在被动接受信息的位置。这种网络辅助教学，实际上是另一种形式的课堂教学。它虽然消除了教学的时间、空间限制，但却没有改变教师、学生和教学内容之间的传统关系。这种网络辅助教学无法调动学生自主学习的积极性。而且，学生的自我管理能力和教师对学生的监控能力也因时空限制的消失而弱化。因此，在以教师为中心的网络辅助教学中，信息单向传输失效的情况比较普遍。

传统的大学语文课主要采用课堂教学的方法，以教材和教师为中心组织教学活动。学生被动接受知识，处在被管理的地位。与此相适应，课程考核也以教师为中心，主要测试学生对教材内容的记忆和理解。引入网络辅助教学后，传统的师生关系并未因此而改变。网络经常被当作向学生追加教学资源的渠道使用。这些教学资源，是以教师为中心组织起来的，主要包括电子教材、电子课件、习题集等，它们与课堂教学内容具有很高的重合度，使用目的是帮助学生预习、复习课堂教学内容并检测课堂教学效果。因为师生关系没有改变，整个教学策略的运用无法发挥网络辅助教学的功能，因此，它与课堂教学之间也无法建立起一种相互衔接、相互支撑、相互促进的密切关联。新型师生关系，不但应当

---

① 张巍. 教育信息化背景下大学语文教学策略的变革 [J]. 数码设计（上），2020，9（4）：177-188.

在教学策略上体现出来，而且应当在网络辅助教学和课堂教学中均有所体现。

二、充分利用现有技术增强教学的互动性

各高校在校园网上运行的网络辅助教学系统，其功能虽然不尽相同，但均可作为网络辅助教学的基础平台加以使用。但是，要以学生为中心开展网络辅助教学，该系统的信息及情感交流互动功能明显不足。毕竟网络教学平台的交互，是学生和教师由于相互作用形成的信息和情感交流活动，体现的是网络教学系统的主客体关系。

为了在大学语文教学中更好地开展师生之间、生生之间的互动，就必须充分利用现有网络技术条件和通信技术条件，拓展互动渠道和互动方式。任何现有技术，只要与教学内容、学生需求、教师能力相匹配，都可以成为网络教学的有利工具。例如，互联网博客，它操作简单，无须网络系统的单独构建和软件设计，但它却能很好地实现互动系统的功能，而且在建设虚拟社区、形成讨论群方面的优势更加明显。

在开展网络辅助教学过程中，教师应当在实践中以网络教学系统为基础，主动探寻更为灵活多样的、教学相长的互动教学模式，不断实现网络辅助教学的创新。目前，学生拥有的可上网设备的种类已经非常丰富。这些设备从台式电脑、笔记本电脑扩大到掌上电脑、智能手机和电子书等新型设备。而且随着移动通信技术的发展，这些设备已经实现了与互联网的完美对接，使网络学习的移动性和便捷性得到提高。在开展网络辅助教学时，也应当充分考虑到这些硬件条件的新变化。与传统的数字化学习相比，移动学习不仅具备数字化、网络化、智能化的特征，还使随时、随地、随身学习变成现实。移动学习的方便性、灵活性和低成本使它在网络学习中的作用日益明显，它使教师有可能整合网络教学系统、教师个人博客、师生电子信箱、微博群、微信群等各种辅助手段，形成一个或多个虚拟学习社区。教师与学生可在这些虚拟社区中，围绕学习内容，相互开展全方位的信息与情感交流。

第二节　大学语文阅读教学的策略研究

一、大学语文阅读教学的目标

大学语文阅读教学的目标是多元的，部分教学目标一方面依靠学生的自学就可以完成，并且要在教师的指导下才能较好地完成；另一方面则要在丰富的言语实践中才能实现。阅读教学首要的任务是确立恰当的教学目标，辨析清楚目标的内涵并设计出实现的路径。大学语文阅读教学的目标依次是认识字、积累词，扩大知识面、了解人生世相，培养能力、开发智力、教给方法、学会发展、陶冶感情、形成正确的价值观，最终培养成良好

的阅读习惯，在阅读中解放和发展自己。

识字包括读准字音，认清字形，理解字义。阅读中识字教学可以扩大识字量，但主要的是理解它作为关键词在句子中的具体含义。不仅了解它所代表的一般的意义，更要理解作者赋予它的特殊的含义，体会它表达的微妙之处。越是高年级的阅读教学越要重视这一点。大学语文的识字虽然已经不是阅读教学的重点，但对字词的语境义和文化含义的阐释却是十分重要的。这是阅读教学的基础和关键，它决定着阅读教学的精致或粗疏、肤浅或深邃、成功或失败。我们常说的语文味正是从一个个的字词散发出来的，语文精神也正是在一行行的字词上建立起来的。

大学语文的知识既包括一般的文化知识和语文学科的知识，还包括普及性的科技知识和社会知识，而更多和更重要的是关于人生世相的知识。所有的文学既是对现实人生的描述，也是对理想世界的设想。所有的文化既是人类认识实践的结晶，也是寻找通向未来的一条可能的出路。大学语文教学的精神实质正是立足于人生世相观察和阐释的人性教育。各类知识具有不同的功能和用途，学习关于人生世相的知识是为了开眼界、拓胸襟，了解我们生存的环境，增强我们创造理想生活的能力和信心。

大学语文的重要任务是培养学生的语文能力，外显的语文能力指听、说、读、写的能力，它可以物化为一种言语成果。言语能力的内在动力是一个人的智力，智力由记忆、观察、联想、想象、思考、情感、意志等诸多因素构成，其中思考力最为重要，它可以驱动、统率其他因素，形成有一个既定指向的富有活力的系统，这样的系统具有相当强的生产性。能力、智力是在运用语言解决问题、生成言语结果的认知活动中形成和发展的。

智力的核心是思维，主体的可能的思维空间应该是无限的，但是，它不是自动敞开的，文学具有打开这个隐蔽空间的潜能。大学语文中所选的文学作品对阅读主体的思维空间具有开辟和拓展的功能。一种文学流派就是一种对待世界的态度，一种艺术手法就是一种认识世界的方式。从具体的创作手法来看，象征手法是文学表达中普遍运用的手法，其理念基础是"万物感应论"，这种感应架起了人与人、人与物、物与物之间沟通的桥梁，成为打开宇宙神秘之门的钥匙。感应实现了从万象到一元的统一，又从一元出发去了解无限广袤的宇宙。在运用象征手法的文本中，不但嗅觉、触觉、听觉、视觉之间是可以相通的，而且感观和思想状态之间也是相通的，这种文本可以把主体的各种感官功能一起调动起来，齐心合力抵达事物的本质。在这个过程中，思维丰富鲜活因而是有力的。另外，变形的是外部的形态，真实的是内心的感受。变形是对主体感觉的夸张和强调，也是艺术的概括、提炼和选择，反映了作家对表现对象独特的高度个性化的理解，是从形似走向神似的飞跃。意识流的手法、陌生化的手法以及空白、移置等，是把阅读主体的思维置于明暗相杂的状态进行磨炼。如果主体的生命是积极进取的，那么，思维就会获得朝气蓬勃、辉煌壮丽的新生。

因此，在阅读教学的过程中要充分发挥文学文本的孕育功能，全力开发学生的智力。由此可见，这个目标的实现最终还要靠教给学生阅读的方法，在阅读中学会发展。培养学生具有感受、理解、欣赏和评价的能力，在阅读中学会阅读是阅读教学的重要目标。在诸多阅读方法中，发现问题的方法、为解决问题而收集信息的方法占有突出的地位。一切发展都是自身各种因素成长的结果，离开了个体体验和思考，任何形式的阅读都将失去意义。正确的阅读方法能有效地促进学生的发展，而学生内在的自觉发展也是正确阅读方法所要努力追求的目标。

二、大学语文阅读教学的过程

阅读教学既要宏观把握，又要微观着力。宏观把握是指对一个单元、整本大学语文教材、高校相关专业的语文类教材、企业文案人员培训教材和《中国教育现代化 2035》的研读，其目的是在社会和学科的整体背景下把握教学的目标系统和教材编选的体系。一般的程序和任务是通读教材，明确教学目标及其分布，把握教学目标和教学材料之间的内在联系，组织教学内容，分项目组合课文，搜索引进相关的材料，丰富教学内容，设计出一系列语文实践活动。宏观把握在语文教学中具有战略意义；微观着力是指用心教好每一篇课文，这包括教材内容的教学化和根据阅读教学的一般规律设计教学环节。

教学一篇具体的课文，先要把教材的内容转化为教学的内容，即教材内容的心理化和实践化，进行具体有效的教学设计。教学内容有特定的对象、特定的目标和特定的实现方式。教学内容不仅包括教材内容（教材内容和编排），而且还包括引导作用、动机作用、方法指导、价值判断、规范概念等。它是师生在教学过程中各项活动对象及活动方式的组合，是主体与客体相互作用的过程与结果，是对静态的教材内容进行教学法处理的过程与结果，是具体而动态的。所以，教学内容来自教师与学生的努力与创造。教学内容是课程内容的着陆点。教学内容表现为语文的实践活动，包括以下要素：活动的对象、活动的目标、活动的内容（材料、事实、理论、计划）、活动的程序、活动的结果（学生的表达）。

阅读教学的规律决定于阅读的规律。阅读由感知—理解—鉴赏—评价构成，那么，阅读教学就可以分为预习—研读—运用这几个阶段和层次。预习是由学生通读，整体感知课文，获得一个完整的印象。研读是在教师的引导下，学生部分地细读深究课文的含义，这一步的目的是理解，其中也包含着鉴赏的成分。运用是学生从部分再回到课文的整体，把握各部分之间的联络和气脉，作出整体性的评价。在评价之中，鉴赏的因素十分强大，它推动着评价向纵深处挺进，到达创造的理想境界。整个过程不可能是单向的和一次性的，往往要循环往复，回溯加深，教师要带着学生在文章里走几个来回。

汉语言作品的形象性要求在阅读中充分展开联想和想象，深入地感受和体验。韵律性则要求多诵读、多品味，细细体会作品的声韵美。灵活性和整体性要求注重具体语境中的个人感悟，从整体上把握作品，而不能只靠语法的分析，有的甚至难以分析。在文言作品和文学作品中尤其如此。"五四"之后的现代汉语，虽然仍没有形态的变化，但字与字之间的关系逐渐清楚，理解的灵活圆通性逐渐减少，因而理解起来靠语感的成分渐减，依靠分析的成分渐增，特别是实用文章和理论文章，这种情况比较明显。但是，汉语言作品有着几千年悠久的历史，它的特性作为一种传统，就像遗传基因一样已经渗透到一切语言现象之中。所以，我们汉语言的学习还得多诵读、多感悟，重视语境，重视语感。

阅读教学过程的设计主要从以下三个环节着手：

第一，调动学生的体验理解字词。理解字词单靠翻查字典辞典是不够的，因为字典辞典上的意思是公共的，是高度抽象和概括了的，它失去了主体的鲜活的个性。阅读是要用"心"去读，即阅读主体投入的感性阅读，与文本中人物之心相会、交流、撞击，设身处地去感受、体验他们的境遇，把文本中人物的苦与乐统统拾掇进自己的心中咀嚼和品味。用自己的想象去补充、发展文本提供的空白空间，进而品味意境，思考意义。

第二，对语言感同身受的具体化。在阅读过程中，读者充分调动主体能动性，激活自己的想象力、直观能力、体验能力和感悟力，通过对文本符号的解码、解释，不但把创作主体所创造的艺术形象中所包含的丰富内容复现出来，加以充分地理解、体验，而且还渗入自己的人格、气质、生命意识，重新创造出各具特色的艺术形象，甚至能够对原来的艺术形象进行开拓、补充、再创，从而使艺术形象更为丰富、鲜明。

在对本书具体化的过程中要完成两项任务：一是建立起完整的意象；二是体味意象背后的意味。读者以文本主人公的身份直接参与文本的建构、联想和想象、感受和体验，神思飞扬，感情激荡，从中获得极大的精神上的满足。这个过程实际上是一个主体再创造的过程。读者从文本的内容上看到了自己的心理现状以及精神的可能性，从文本的形式上发现了一种智慧以及通往生活深处的路径。形象的背后是一个极具诱惑力的文学的"意味世界"，这是一个与人的生命世界息息相关的世界，这里有凝结的情感、过滤的记忆、超越的思索、人生的顿悟，乃至心理的高峰体验。

无论是建立起完整的意象，还是体味意象背后的意味，谁都离不开主体生命的深度参与和对话式的交流，并达到感同身受的程度。

第三，沟通多方参与的对话。阅读过程实质是一场由多方参与的对话，具体而言，对话包括作家与世界、作家与读者、作家与文本、文本与读者、读者与读者之间的多重对话，而且在作家思维内部——作家与其人物、人物与人物之间，在读者思维内部——如读者"原我"与进入文本角色之"我"之间还都存在着极为丰富多样的对话。正是这种对话展示了人类精神世界的无比丰富性，也在背后暗示出人类存在的孤独、封闭的深刻危机，同时，也昭示了解除这种危机的可能性。解除危机的可能性深深地根植于人的良知。语文教学就是要唤醒良知来实现这种可能性，从而达到人类和谐相处健康发展的目的。

总而言之，文本就是作家跟世界对话的产物——跟他所处的时代、跟他所传承的历史、跟他的人物以及他自己对话。优秀的文学中存在几种不同的、异质的声音，各种声音互相碰撞和激发，造成多声部的轰鸣。作家不断地把不同的力量吸纳进来，不断地有一个重新反思的过程，文本的视域就变得异常开阔。

三、大学语文阅读教学的类型

大学语文阅读教学有以下三种类型。

第一，比较阅读。有比较才有鉴别，只有抓住事物的特征才能更好地认识事物，大学语文阅读也是如此。通过比较，探求作品之间的内在联系，区别其细微的差别，可以更好地理解作品，提高言语的鉴别和运用的能力，还可以开阔眼界、增长见识、活跃思维，进而有所发现、有所发展。比较可分为宏观比较和微观比较。宏观比较是多角度、多层次的综合比较。微观比较是单项的局部的比较。比较阅读首先是广泛阅读，增大阅读量，自觉地选择可比较的材料。其次是确定好比较点，比较有立意比较、题材比较、结构比较、言语比较、表达方式比较等。作品相关、相近、相似的程度越高，比较的价值就越大。

第二，项目阅读。项目阅读是围绕一个中心收集材料的探究式阅读。大学语文阅读的中心是预先设定的主题，这个主题也就是本次阅读要解决的问题或者叫阅读目标，这种阅读类似于科学探究，学生处于阅读的中心地位，阅读、体验、探索、发现，对大量的语言信息收集、分析、判断，从而增进思考力和创造力。大学语文的项目阅读往往沿着主题的方向往纵深发展，但是，它更关心的是阅读的过程，而不是结果；虽然也讲究方法技巧，但更关注能力培养，特别是创造性思维的方法和途径。

第三，创意阅读。创意阅读是在理解作品原意的基础上，结合自己所处的环境，结合自己的体验而有独特感悟、发现和创造的阅读。创意阅读的结果不一定符合作品的原意，甚至有较大的出入，但是，它是读者积极思维活动的结果，因而依然是有价值的，如果从读书致用的角度考虑，它的价值更大。大学语文创意阅读先要理解作品的原意，关键是联系当前的情境，包括联系阅读的时间、地点、个人的认识、兴趣、情感等，而主要的是联系当代社会实际以及自己所面临的问题。阅读时从这些实际情境出发，多角度多层次地去解释作品，积极参与，善于质疑，大胆判断，从而引出新的意义，为现实所用，为我所用。创意阅读给大学语文教师提出了更高的要求，要求学生创意，教师先要会创意。要学生有所发现，教师先要独抒己见。所以教师要经常阅读，广泛联系，敏锐地感受和比较，以积极的思维和创造的心态来进行阅读教学。

四、大学语文阅读教学的方法

阅读教学的方法主要有朗读、默读、诵读、背诵、精读、速读以及设疑、讨论、点拨、分析和评论。

（一）朗读方法

用声音语调领会和传达作品思想内容的阅读方法就是朗读。朗读要求正确、流利、有感情。正确是指用普通话读，读准字音。流利是指流畅贯通，不增不减不倒不停。有感情是指深入理解作者的思想感情，并控制语速、语调的快慢、高低、轻重、滑涩，准确地把它传达出来，做到声情并茂。朗读本质上就是把课文的"意"转化为阅读的"声"和"气"，从而把间接的文字符号变为可以直接感受的情思。其规律是："喜则气满声高，悲则气沉声缓，爱则气缓声柔，憎则气足声硬，急则气短声粗，冷则气少声淡，惧则气提声抖，怒则气粗声重，疑则气细声粘，静则气舒声平。"汉语言作品声调变化丰富，抑扬顿挫，特别适宜于朗读，尤其是诗词韵文。大学语文的朗读不仅可以增强学生对课文的感知、理解和鉴赏，还可以激活思维、引发联想、培养语感，陶冶性情。

（二）默读方法

默读就是不出声的阅读。跟朗读相比，它减少了一个将文字转化为口语的环节；从神经活动系统来看，它是把视觉接受的文字符号直接输送给大脑进行信息的译码处理，省去了一个大脑接受文字符号后，再指挥声带发出声音的过程，因此，默读的速度高于朗读，又因为默读的速度可以跟理解的速度同步，所以默读的理解效率也比较高。现代社会要求快速高效的阅读，默读便成了扩大阅读量、广泛收集信息的一种重要方式，它具有广泛的实用价值。大学语文默读的训练不如朗读容易控制，所以必须采取切实的措施。如选择合适的读物，规定阅读的时间，读前提出明确具体的阅读要求，读中巡视，指导学生点评摘要，读后检查评价阅读的效果等。默读应在速度、理解和习惯三个方面教给方法，严格要求。

（三）诵读方法

诵读是反复朗读、自然成诵的阅读方法。"熟读唐诗三百首，不会作诗也会吟"（谚语）；"故书不厌百回读，熟读深思子自知"（苏东坡）；"读得熟，则不待解说，自晓其义也"（朱熹）。古人强调诵读是符合人的认识规律的，大学语文中的诵读是我国传统语文教学中的好方法，应当大力提倡。诵读尤其适宜于抒情诗文、文言文等声情并茂的作品。诵读比朗读更有助于积累语文材料、培养语感，通过诵读品味意蕴，在潜移默化中陶冶升华情感。

（四）背诵方法

大学语文中的背诵是靠记忆阅读的，它是积累材料的好方法，也是把阅读内容内化为语文素养的过程，是阅读的高级形式。背诵积累语文材料，其实是感性的语言模块的整体储存，它可以看作生活经验材料，也可以看作形象材料，或者思维材料、情感材料，这些材料储存于大脑，将成为学生的终身营养，也就是语文素养的重要构成，一旦被激活，就会产生综合效应，极有利于接受和表达能力的整体提高。因此，只有背诵一定数量的高雅的言语作品，才能打牢语文素养的坚实基础，提高自己言语的文化品位。

（五）精读方法

大学语文中的精读就是深入细致地阅读。对作品的遣词造句、布局谋篇、思想内容等方面都能透彻理解，领悟其妙处并作出评价。

第一，精读要从字词着手。读懂字词的含义包括四个方面的内容：字词的本义、字词的语境义、字词的文化积淀、字词的表达作用。作品是由一个字一个词构成的，不重视对字词品位的阅读，极容易误入捕风捉影的虚妄之中。所谓"见意忘言"和"得鱼忘筌"，应是在"见意"和"得鱼"之后的事情——"意"和"鱼"的获得是应当从对关键字词的把握着手的。对个体的生命而言，词的占有和生命的状态密切相关，而一个感受细致、思想深刻的生命则对词语的丰富怀着一种强烈的心理渴望。他能在阅读中感受文字的呼吸和体温，复活作家对生活敏锐的感知，同时也唤醒和加强自己的人生感受，如冰炭一样分明，如水墨画一样酣畅淋漓。对语言内涵的丰富的了解得益于丰富的想象力，而丰富的想象力又源自主体丰厚的文化积淀。我国的文化传统源远流长，在长期使用的过程中，每个词语都浸润承载了丰富多彩的民族生活和感情的内涵，反映了民族的心理和意志。

第二，大学语文精读要从句子着手。读懂句子的含义包括四个方面的内容：句子的语法意义、句子包含的思想感情、句子的言外之意、句子在作品整体结构上的作用。

第三，大学语文精读要从表达方式着手。表达方式有记叙、描写、抒情、议论、说明。每一种表达方式都是一种思维的方式，都表明一种作者的态度。从此入手，可以抵达作品的深处。记叙、描写、抒情、说明侧重于形象思维，议论侧重于抽象思维。一般地说，记叙表明作者对所记事实的重视，描写表明作者对所描写事物的印象深刻，抒情和议论表明作者内心的激动，说明则比较客观和冷静。表达方式的内容包括：表达方式的性质、表达的对象、表达的效果、表达的艺术特点。

第四，精读要从作品的构思着手。作品的构思实质上是作者思路的物化形态，是由作者的目的和心态决定的。厘清了作品的构思，可以更好地理解作品的主题。例如，鲁迅先生的《阿Q正传》由发散到集中的结构造成了由轻松诙谐到凝重悲凉的转变，这是他叙事的智慧和精神上绝望的真实的反映。可见，精读最终要落到对作品思想价值的接受和批评，落脚对作品艺术手法的欣赏和运用。

（六）速读方法

大学语文中的速读有的也称为略读和浏览。速读往往是有明确目的的阅读，和本次阅读目的有关的就抓住，其余的则可以忽略不计。它是为了获取主要事实和观点，捕捉有用的信息，这种阅读因为目标的集中和单一，所以阅读的速度很快，实用性很强，可以广泛地收集材料，极大地拓展认识的领域，可以使学习和生活的空间以及主体的视界都得到延伸。一个现代人必须具备较强的速读能力。

（七）设疑方法

大学语文中的设疑就是设置矛盾情境，就是提出问题，就是启发思维，就是激发智慧。设疑并不等同于提问，更不是设问。设疑者可以是学生，也可以是教师。阅读教学中，教师设疑的时候比较多。这当然不是因为大学语文教师的困惑多，而是教师借此进行思路的引导，在学生和作品之间架设起空中栈道，促进学生和作品展开对话和交流。步步设疑，学生的思维逐层展开，阅读教学的过程始终伴随着学生积极的思维活动，那么，思想的种子就会在此萌芽。

（八）讨论方法

大学语文中的讨论一般是由教师提出一个有思想价值的问题，让学生思考，然后再交流各自的看法。许多不同的看法互相启发，互相激励，共同推动思维向着学习目标发展。讨论是借助作品开展的学生与学生之间的对话，它可以培养学生发表自己见解的胆识以及思维的敏捷性。讨论关键是提出合适的问题并调控好学生的思路。合适就是所提问题能够引起学生思考的兴趣，有思想价值。相关问题往往是由浅入深，形成一个完整的思考过程。调控思路就是使学生的发言要始终围绕阅读的目标，完成教学任务。

（九）点拨方法

大学语文中的点拨，"点"就是教师把一些重要而又容易被忽略的语句特别指出来，以引起学生的注意，激发他们思考。"拨"就是在学生的思考发生偏差，遇到困难，形不成思考结果时，教师及时给予思维支持，以纠正偏差，提供思考材料或思考方向的帮助，促使思考的深入并形成结果。

（十）分析方法

长期以来，分析方法占据着大学语文阅读教学的中心地位。其实，恰到好处的分析还是必要的：学生因为年龄、经历、知识储备以及文化修养的限制，对作品的理解常会遇到疑难问题，或根本就发现不了疑难问题，依靠教师的引导有的还是难以解决，这就要分析。教师把自己的感受、理解和评价"告诉"学生。"告诉"并非灌输，而是要有材料、有观点、有思维的过程，而且要在"愤""悱"之时才"告诉"，实质上是启发学生和教师一起思考。分析要在重点难点而学生的思考力又达不到的地方分析，要分析得精要，有启发性；应融入描述的成分，使通往真理的道路开阔起来。

（十一）评论方法

评论就是要求学生把阅读的感悟和思考用书面语言自由舒畅地表达出来。评论实际上是把阅读和写作、表达和思考紧密结合起来。"洋溢个体生命语用活力和智慧的独立评论"是比中学的写读后感更高级的一种言语活动，其中包含着"学生自我选择、自主判断和自由评说"，是阅读教学的最高境界。评论正是促进阅读中思辨能力和独立人格的发展。大学语文中的评论凸显语用主体，虽然"评"可以凭借"说写"的形式呈现出来，但"说写"未必就是一种有品位、有内涵的精彩评论，这种教学形式的价值在于由重在养成认知、记忆、复述和平面化再现的语用能力提升到以个性言说、独立评论、审美表达直至创意表达为目标指向的表现性语用能力。通过养成表现性语用的"立言"来达成人格独立、思维开放之"立人"目标。

总而言之，这十一种常用的阅读教学的方法，具体到一篇作品的教学，要根据作品的体裁、手法以及内容的深浅，还要考虑到学生的年龄、心理、知识水平和专业方向等特点来选择，在大学语文阅读课上交互运用，充分发挥各种方法的优点。

五、大学语文阅读教学的步骤

阅读教学要重视运用，采取灵活而有针对性的教学对提高学生阅读的效率具有重要意义。阅读是指读者用来理解不同的作品而有意识地选择并及时调整的认知方式。教学就是通过教学提高学生对学习要求的意识，掌握和运用恰当的方法来完成学习任务，从而形成监控运用的能力。或者说教学就是唤醒主体意识、学会方法的教学，就是把阅读活动和认识规律结合起来的教学，也就是"教是为了不教"的教学。阅读教学是建立在认知理论之上的一种新方法。阅读教学的步骤一般包括示范、解释与演示、指导练习和自主迁移练习。

第一，示范。示范就是教师做给学生看，通过具体的教学，让学生知道、理解进而掌握阅读，从看、听到模仿，最终能熟练地运用。示范是整个教学过程中的一个重要环节。示范包括：指确定学习目标，选定阅读对象，说明阅读的名称、含义以及用途。选定阅读对象的依据是学习目标，确定学习目标的依据是作品的文体特点、学生的知识状况以及学习的环境。

第二，解释与演示。阅读理解表现为四个阶段：预测、发问、摘要、澄清。教师按顺序一步步地解释本次阅读的操作过程。特别是初次进行学习的时候，应通过提出问题、做摘要、监控理解、释义、划重点、做笔记等方法，让学生理解阅读的思维，引起运用的愿望。让学生对教师演示的运用阅读的操作过程给予说明或者反思，明确操作的关键所在，增强思维的自觉意识。

第三，指导练习。指导练习包括三个环节：复习，引导学生回忆要运用的阅读的名称、含义、操作步骤，说明可能遇到的困难和怎样克服困难；运用并监控，要求学生运用阅读去理解作品，在运用中注意自查或互查操作过程，特别是要注意遇到的困难和克服的方法；思考与总结，引导学生思考运用的思维过程，总结有关规则，尤其是怎样克服遇到的困难。

第四，自主迁移练习。学习的最终目的是运用，用阅读去解决阅读中遇到的问题，提高阅读的质量。所以，要把学到的阅读及时应用到新的阅读环境中去。根据新环境（阅读的对象，阅读的目标）灵活选择和运用阅读。学生能够迁移，就能培养阅读的能力和智慧。

六、大学语文阅读教学的途径

（一）文学作品的阅读教学

文学作品是以形象反映生活的，文学的最终目的在于使人不在现实生活中沉沦，而是坚定地超拔出来，达到人格心灵的净化。文学作品的阅读，需要我们以一种既是理性的，又是情感的方式去把握整个意义。我们无法置身于作品之外，而需要想象、参与、体验，在体验中感悟，这是理解文学作品的最基本的方式，这种对作品意义的寻求活动本身就是人精神生命的实现和拓展，是人生在世的基本模式。

叙述、描写和抒情是文学作品最基本的表达方式。叙述是对基本事实的言说，是把被遮蔽的现实推举到读者面前。描写是对事实的关键部分的深情关注，作者借此赋予事实以意义。作品中的一切事实都是作者心中的事实，抒情就是对事实的态度。抒情是作者向读者的倾诉，是想直接实现心灵沟通的渴望。如果说文本是作家对于世界的想象，那么，理解就是在作家想象基础之上再展开想象；如果说文本是作家对于人类生活的深情的呼唤，那么，理解就是在读者的心底产生的巨大的回响。理解中的想象既是对文本对作家的想象，也是对人类的历史、现状和未来的想象，更包含着读者深刻的自我想象。

文学是语言的艺术，因此，文学阅读的一个重点应是对文本言语的感悟。运用得好的字词带着作者的体温，包含着作者复杂、强烈的情感体验。真正的文学大师的言语是有生命有灵性的，它有声、有色、有味、有情感、有厚度、有力度与质感，应该细心地去体味、沉吟、咀嚼，从中感受、领悟言语中的人生滋味。语言是人的基本存在方式，言说的背后是人的心灵世界。此外，对语言的敏感的感知能力是衡量人的精神素质的重要标尺，也是提高人的精神境界，使人变得更美好的不可或缺的内容。文学作品的阅读是语文教学的重点，在整个语文学习过程中都居于核心地位，这是因为文学作品是学习言语的最好的材料，它最接近人的心灵。通过文学作品的阅读，可以扩大学生的人生经验，激发他们热情的想象，更为重要的是人类的高贵精神的传承和健康人格的培育。人类的文化精神大量地、直接地储藏在优秀的文学作品中。

无论何种文本，相对于表达的对象而言，都只是写出了一些零碎的部分，而且这些部分也还并不是紧密地联结着的。仅就所写出的这些零碎、散乱的部分来看还不具有多大的审美价值。美在于形象的整体性，任何人和事物的生命力也都在于他们整体性的存在。

文本理解中的想象就要对那些已经写出来的零碎、散乱的部分进行补充、联结和延伸，把各个部分整合为完整、丰富、充满生机的整体。

文学教育具有三种完全不同的认知结构：第一种是模仿结构。即把文学看成人类的遗产，阅读文学作品可以向青年一代传递文化价值观；是否掌握优秀的文学作品成为一个人是否有文化教养的标志。以模仿结构为指导的文学教学，以文学史的、作家和作品的具体知识为重点，注重知识积累。第二种是分析结构。这种观点认为文学本身是不能传授的，只能叫学生去进行文学批评；其重点是培养学生对文学作品的理解、分析、比较，并作出个人的反应，这种分析结构注重的是文学理论和文学批评。第三种是衍生结构。即强调文学教育对个体发展的功能，它注重的是读者个人对作品的思考和体验，而不求得出研究文学的统一结论，这种观点认为文学作品的教育意义在于通过阅读作品来引导学生进行自我评价，极为重视学生从作品阅读中激发思维能力的过程。

（二）小说的阅读教学

小说是一种最为成熟的叙事文本。小说的时空比较大，它通过陈述展现一个介于已知与未知之间的世界。已知的往往是感性的存在，未知的则是一种理想。小说表达的过程既是生命成长的过程，又是思想展开的过程；小说的叙事艺术就是使叙事的思想内核孕育成熟的艺术。小说的阅读教学一般从以下方面着手：

第一，从厘清故事情节着手，把握小说的全貌。小说由一系列的情节组成，情节揭示了各个事件之间的因果关系，反映了人物悲欢离合的命运。同时，情节的跌宕起伏也是由人物的性格决定的。所以，厘清小说情节的发展脉络是深入理解小说的首要环节。从整体上把握小说，是正确理解小说的思想艺术、发掘每个局部的深刻含义的基础。在分析情节时，要注重对细节的品位和分析。

第二，了解小说人物生活的环境，分析环境和人物命运的内在联系。小说中的自然环境不仅是人物生存的处所，往往对人物的命运有重要的暗示和象征作用。社会环境就更为直接地影响着人物的思想性格。特别是由错综复杂的人物关系所构成的思想意识环境，常常制约、支配着人物的行为，成为决定人物命运的重要因素。因此，人物的分析、思想意义的挖掘都不能离开作品中所描写的典型环境。除此之外，产生作品的环境，即相关的背景材料，也是帮助我们打开小说的思想之门的钥匙。

第三，重点感受、分析人物形象。塑造人物形象是小说的基本任务。小说正是通过刻画人物性格来反映社会生活的。小说的情节、环境以及语言的运用都是以人物为中心来安排的。所以，读懂人物是读懂小说的关键。感受人物侧重于体验，跟人物息息相通、悲欢与共，觉得自己就生活在小说的人物之中，与他们发生了精神上的丝丝缕缕的联系。分析侧重于判断，对人物形象的丰富内涵作出明确的阐释。感受和分析人物形象从三个方面着手：首先，从描写手法着手。透过外貌描写、动作描写、言语描写、心理描写等，从多方面把握人物的性格特征，这里的重点是心理活动的描写，其他描写也大都指向心灵的深处。其次，从矛盾关系着手，通过人物与人物、人物与环境之间的冲突，来理解、分析人物的性格价值和精神状态。最后是思考人物形象的意义。成功的人物形象，不仅具有鲜明的个性，还具有深刻的共性。在小说人物的身上，寄寓着作者对人生的理解，他是通过人物来间接地抒写他的焦虑、困惑和希望。阅读教学的重点就是引导学生发掘出来这些极为重要的东西。

第四，深入理解作品的主题，正确评价它的思想价值。这个过程是一个从个体到群体，从人物形象到思想价值的过程。我们根据作品的情节设置、环境描写，特别是人物的性格命运所深蕴的丰厚的社会文化因素，再联系作品的时代背景和作者的写作意图，来概括、提炼作品的思想，并对它已经或可能产生的人生效用作出评价和估量。

第五，咀嚼、玩味作品的言语。小说是语言的艺术。小说中的人物是在语言中站立起来的，因此，理解作品也是从言语的咀嚼、玩味开始并深入下去的。优秀小说的言语，往往如雕如塑，一字一句就是一个鲜明的形象，给人留下深刻的印象。

第六，小说阅读教学还要注意分辨小说的类型，抓住不同类型小说的特征。如典型性小说与复调小说。

典型性小说所具有的个性与共性统一、人物与环境统一、客观存在与主观精神统一的三大特征，制约着读者阅读的思维方向及其结果，也必然规定着教学的目标和方式。要从个别走向一般、从特殊走向普遍、从现实走向历史，要深入个性并通过个性抵达共性，个性超越的目的是认识一个族群的深厚的文化内涵以及某一阶级、阶层的人物的精神性格的特征。人物的性格、命运与他所在的环境存在着一定的逻辑关系，特别是社会环境中的人际关系及由此而形成的精神环境，对人物性格的形成发展及命运的沉浮常常起着重要的作用，有时甚至是决定性的作用。所以，读者不仅要与人物进行真诚的对话，更应跟人物所处的那个社会和时代展开广泛的交流。同时，读者不仅要考察作者所描写的人物和事件偶然中是否包含必然性，而且还必须积极把握作者的主观精神，因为作者的主观精神在典型性小说中起着统一人物、环境和事件的整体性作用，把握住它是与小说对话能否深入进行的关键。把握作者的主观精神如同把握小说中的人物性格一样，也要考察他的主观精神产生的社会和时代的状况。与典型小说文本对话的视野必须是开阔的，思维也必须是积极的，要能够在历史、文本和现实之间穿梭搜寻。

复调小说的结构特征与典型性小说几乎完全相反。复调小说中由不同的人物及其命运所构成的统一的客观世界，并不是在作者的统一的意识支配下一层一层地展开的，而是众多的地位平等的意识（主人公）连同他们各自的世界被结合在某一事件的进程之中，他们之间不相互混合或吞并，而是处于彼此交锋、对话和争论之中。在复调小说中，作者所面对的主要并不是作为性格的主人公及其所处的客观环境，而是主人公的自我意识，换言之，主人公如何意识自己和意识周围的客观现实。由于作者关注的是主人公的意识本身，所以主人公看待自身和世界都携带了主人公自己的价值烙印；作者赋予他们以自由和独立，并不从旁干涉。

复调小说自身内部的对话及与它展开的外部对话，其场地都是发生在人的心灵之中，是不同的心灵发出的声音。小说的复调决定于"人的复调"。许多异质的声音撞击着读者的心灵，读者的心灵也必会发出有力的声音，于是产生出一种新的思想，这种思想表现为对人类心灵的关注、焦虑和期望，这就要求读者必须对人类的终极问题满怀热情，秉持着一种崇高的价值标准，在众多互不相同的各自独立的声音中寻找、倾听。

无论是与典型小说的对话还是与复调小说的对话，读者还都应该从具体形象的感悟上升到形而上哲学的思辨。与科学艺术相同，小说也是作家认识人生把握世界的一种方式，它是以一种直观感性的方式来进行的，形象具体生动是其鲜明的特点。优秀的作家是必须从感性到达理性、从具体到达概括的。换言之，由对生活现象的细致真切的描述而达到超越生活的境界，进入对感性世界的抽象的思索，由文学而进入哲学。

小说因为作者选取题材和叙述态度的不同而形成不同的基本形态，各种不同形态的小说具有不同的质的规定性，因此与它们对话的价值取向也各不相同。小说源远流长，千姿百态。古典小说和现代小说、现实主义小说和浪漫主义小说、魔幻小说、意识流小说和写实小说等，都有它们各自的特点，呈现出很大的差异。在具体的阅读教学中还应进一步辨明小说的各类体式，针对它们的个性来选择不同的教学策略。

（三）诗歌的阅读教学

诗歌阅读的难点在诗歌言语的特殊性。诗歌的言语常常以陌生和变形的面目出现，诗人以此来凸显他与世界的独特关系及其某种不同寻常的顿悟，这种言语方式是诗人智慧和灵光的闪现，这是保持、发展生命的敏锐、新鲜和生机的重要方面。诗歌常用的教学方法有以下三个方面：

第一，反复朗读、吟诵，感受体验作品的情味。古诗最初是可以配乐演唱的，极讲究押韵和平仄。现代诗内在的节奏、感情的旋律很强。所以诗歌的"声音"最能直接地传达出它的感情。严格而言，学诗，绝不能仅仅"看诗"，"看诗"是很难体味出诗情、诗意、诗味的。所以，古人不说读诗、看诗，而说吟诗、诵诗。诗的音韵、节奏之美，是诗的内容之一，是诗的生命。我们只有通过反复吟诵才能感受和体验。读诗主要不是依靠理性去解析诗句的文字含义，而是要调动我们的情绪去直觉地、感性地把握诗意。

第二，展开想象，激发感情。诗歌想象丰富，感情强烈，但诗歌的言语极为简约，句子跳跃性大，语句间留下了很多的空白。这就需要读者展开联想和想象，对其进行补充和丰富，使之成为完整的形象，并进而参与其中，"随物宛转，与心徘徊"，听到诗人的欢叫与悲啼，获得心灵上的共振共鸣。

第三，捕捉诗歌的意象，揭示诗歌的深层内涵。意象是诗歌基本的表现手法，也是诗歌的生命要素。所以，学诗就要从意象着手，从它的具体的鲜明的形象切入，体验意象带给我们的细微的感受，揭示诗人贯注其中的人生感悟。

（四）散文的阅读教学

从大学语文教学的角度看，散文要研究的重点有两个：一是以细致、感性的语言对生活细节的描写，这类似于小说的细节刻画；二是从个体生活经验向人类公共情感的超越，在生活的细流中把自我的生活感悟升华为一般的社会价值。

散文的结构可分为事、情、意、理四个层次。事包括事件、人物和景物，是作者对他们的记叙和描写。情是作者对事的态度和内心的感受。意是指从作者描述的事上所表现的人生态度，是从个别反映出的一般。理是指作品对生命、对人类的关注和思考，这四个层次由浅入深，紧密相连，共同构成一个形象的、精神的大世界。

散文的阅读教学要从整体上揭示和把握它的感情的价值取向和基本的精神力量。一般程序如下：

第一，抓住文眼，理解作者的思想感情。作者为文，往往是在生活中有了一点感受，一点触动，然后围绕这"一点"敷设铺排，连缀成文，这一点在文章中就是文眼，是作品所生的根由，也是作品所着力表现的中心，更是作品结构的枢纽。文眼连接着作者心中的泉眼，抓住了它，理解了它，就可以和作者心灵进行沟通，自然也就明白了作品或直或曲、或浓或淡的深刻原因。

第二，厘清线索，从整体上感知作品。由于散文取材的广泛和笔法的灵活，初读往往给人以纷繁零散的感觉。但"形散"还有"神聚"，即一种或浅隐或深藏的线索把它们统摄为一个有生命意义的整体，这个线索就是作者的思路，就是作品所写的人、事、景、物之间的内在联系。

第三，研究表现手法，探求作品的意境美。一篇散文常常综合运用多种手法，每种手法所表现的内容之间有深刻的内在联系，抓住这种联系，才能体会手法运用的意义，才能深入作品的内部。特别要重视的是描写，作者着力描写之处，就是事实的闪光之处，就是作者感受最深之处，就是作品思想感情的亮点，作品的生命往往就根植于此。在这样的地方，清晰如画的形象和强烈的思想感情交汇在一起，融为一体，通常形成深邃优美的意境。对这些段落的诵读、体会，不仅可以更好地理解作品的内蕴，而且可以陶冶情操。

第四，诵读全文，重点的段落应背诵，品味散文的言语美，积累丰富的语言材料。散文的言语如诗如歌，凝练含蓄、优美形象，又如口语家常，出自肺腑，亲切、自然、流畅。品味言语的美，主要是靠读，咀嚼再三，思之再三。

（五）戏剧的阅读教学

好的戏剧必然有强烈的戏剧冲突，冲突是构成戏剧的本质规律，也是戏剧艺术的最基本的特征。对于戏剧冲突的内涵，不同时代的戏剧文本的表现及戏剧理论家的看法多有不同。而戏剧家的任务是在这些极限的情境中选择最能表达他的忧虑的情境，并把这种情境作为旨在获得某些自由的问题提交给观众。此外，戏剧教学的一般步骤如下：

　　第一，掌握剧情，抓住戏剧冲突。戏剧的人物关系往往错综复杂，事件交代叙述的方式变化多端，因而整个戏剧就显得云谲波诡。厘清人物之间的关系，弄清事件的来龙去脉，掌握剧情，是理解欣赏戏剧的基础。在这个基础之上，要紧紧抓住戏剧冲突，分析冲突的构成要素及其内涵，是至关重要的。戏剧冲突就是各种矛盾的交织纠结处，就是矛盾的爆发转折处，戏剧深刻的思想内容就寄寓在这里。在各种冲突中，人物性格的冲突、人物自身的心理冲突是最具魅力的戏剧冲突，它的意蕴也最复杂，最具有震撼力。

　　第二，读懂潜台词，赏析人物言语的个性。潜台词是指台词所饱含的深一层的意思，也就是词句的本质，是台词所表达的人物的内心活动。阅读剧本一定要结合剧情，特别是人物之间的特定的关系，仔细琢磨潜台词的真正含义，体会话中之话，话外之话，由此准确地把握人物的内心世界。读懂潜台词将会更深入地理解作品的意义和特色。戏剧主要是以人物的对话和唱词构成的，人物言语是剧本的主体，而人物的言语又因其年龄、身份、性格、教养、经历、地位等的不同而有着鲜明的个性特征，而且人物言语的行动性和暗示性也都包含在他的个性之中。理解人物性格，主要依靠对人物个性化言语的赏析。

　　第三，注意戏剧的其他构成因素，完整准确地理解人物所处的环境。剧本还包括有关时间、场所、布景、道具、灯光、服装及人物表情、动作、言语的舞台提示，这些是剧本的重要组成部分，对理解人物、揭示剧本的思想意义都具有重要的作用。阅读时要展开联想和想象，仿佛置身于其中，分析这些揭示语的含义和作用，特别是要厘清和人物的行动、性格之间的关联。

　　如果从内容、题材、表现形式上分，戏剧还有许多类型，它们各有各的特色，各有各的读法。教学中应提倡分角色朗读，如果能组织学生进行舞台演出，则可收到多方面的教育效果。

（六）文言文的阅读教学

　　文言文这种文体是从使用语言的时间性上来归纳的，这与我们现在文体划分的标准并不统一，只不过在语文教学中流行和有用。文言文的文体种类繁多，包括经、史、子、集各个门类。从大学语文教材选文看，主要的属于文章的范畴，它们切近社会人生，注重经世致用。

　　文言作品的阅读是语文教学的重要内容。阅读文言文可以感受和继承我国优秀的传统文化，培养文化精神，对于人的构建具有重要的意义。从语言学习的角度来看，文言是现代语言的源头，文言文是母语中的"母体"。学习文言文对于积累语言材料，形成语感，增进对现代语言的透彻理解，具有重要作用。

　　文言文从反映的历史来看，自先秦到明清，绵延数千年，可以看出我们整个民族文化发展史；从反映的内容来看，汇集有儒、道、法、墨等诸家在中国文化思想史上产生深刻影响的思想。可见，这些传诵已久、脍炙人口的篇章，积淀了中华民族几千年的文化精神。其中，既有显性的如礼俗、制度等层面的文化；也有隐形的植根于我们民族文化传统的诸如民族精神、价值观、思维方式以及社会心理层面的文化，这些文化，特别是心理层面的隐形的文化存在于我们民族精神的潜意识中。文言文教学应该使学生在了解和认识我们本民族的民族精神、道德观念、价值取向、思维方式的基础上创造新文化。但在实际的阅读教学过程中，文字的识读辨析常常遮蔽了对文言文深层意蕴的体悟和阐发。

文章的意义结构并不是只有语言一个层面，它是如同抽丝剥茧所看到一个缠绕细密、连绵不断的系统，一个层层包裹、叠加而成的丰富的生命。流传下来的文言文是历经千年时光的磨洗而愈加熠熠生辉的好文章，对它的阅读、理解和阐释的内容应该是极为丰富的。

语言层面内容包括常用实词的音形义、虚词的用法、常用句式等，其中古今异义、词的活用、词的多义等是学习的重点内容。文言文用字简约，文约义丰，我们民族文化心理的因素寄寓其中，需要悉心品察。读懂古人的语言，读懂那个时代的社会百态、字里行间蕴含的人情世故，体会其中蕴含的民族精神，从中汲取民族智慧。

文化层面包括精神品质、价值取向和思维方式等。文言文的阅读教学必须注意把握文言与文化的同源性，应突出它特有的文化特质和精神气质。教师带领学生感受认识中华文化的丰厚博大，吸收民族文化智慧，并与当代文化生活联系起来思考，领悟传统文化智慧对当代人类生活的价值。教师应把文言文教学作为让学生体会民族文化的过程，使学生在学习的过程中得到文化的陶冶和精神的洗礼，致力于促进学生文化素养的形成与发展。

文言文中的美既有自然美、社会美也有艺术美。审美是主体以感性观照的方式对审美对象进行直接的感性的把握。审美既是主体发现、发掘审美对象的美的素质的过程，也是主体内心品赏、评价美的对象或对象的美，体验美在自身反映的过程。教学不仅关注课文的内容，还要引导学生发挥联想和想象，激发情感，体验课文情境，品赏课文中的物象与意境的情状、品性，体验和品评课文美情美意作用于读者心灵的方式、量度，这将别有一番情味、意趣。

文言文阅读教学的一般要领主要有以下四个方面：

第一，抓住重点字词。学生学习文言文感到困难的原因之一，是生字多，而字的用法和意义又多变化，而且，学生是先学会现代口语和书面语的，最容易用现代汉语的词义去解释文言文中的字，出现学习心理上的负迁移。理解文言实词是文言文阅读教学的重要目标，它是提高文言文阅读能力的基础。文言字词教学的基本原则是不脱离具体的语言环境，即在句子中解读字词。常用的方法包括两个方面：一是比较的方法；二是系统化的方法。比较就是把字词的古义和今义相区别，以排除负迁移的干扰。或者字词的不同用法和不同意义相比较，让学生具体感受文言字词用法的灵活多变，细心体察其运用的规律。系统化就是把字词的意义和用法加以归类，组成一个系统——字词的意义系统、用法系统，这样学生容易搞清词义的渊源和不同用法的内在联系。文言字词的学习要及时归纳和不断积累。

第二，重视对疑难句的理解。对句子的正确理解是全部阅读技能的最关键、最重要的环节。对句子理解的方法主要包括两个方面：一是解释重点字词；二是口译和笔译。译句的理解效率比较高。学生把一个文言句对译成规范化的现代语句，其复杂的过程需要全部阅读技能的支持才能完成。指导学生译句首先要掌握文言句式的特点；其次要了解文言文修辞的方法，如对仗、比喻、互文等；最后要考虑句子在段、篇中的地位和作用，从整体上来理解句子的含义。

第三，重视诵读，培养语感让学生充分地涵泳、诵读。诵读可以增强语感，只有反复诵读才能品味辨析，增强语感，才有可能对语言的优点有深入的体会，从而也才可能受到感染。在诵读的过程中去获得感性上的顿悟与发现，再去琢磨体会流贯于诗之全程的意境、情调乃至某一具体物象的丰厚意蕴，以"意会"来弥补"言传"的不足。"书读百遍，其义自见"，它的合理内核在于诵读有利于实现认知过程中的附带觉察和思维过程中的体验把握的结合，从而自然地产生一种"意会""悟性"效应。尤其对于短小精悍的诗词而言，诵读的意义更为重要。

第四，提倡和鼓励学生自学。文言文的阅读，虽然有相当的难度，但课文注释详尽，学习的目标也容易确定，应提倡和鼓励自学，尽可能地避免教师的串讲串译。自学的步骤一般是："通读，把握全文的大意；标出生字词，疑难句，查看课文注释自行解决；解决不了的问题查找工具书，学生之间讨论解决；教师启发引导，提供相关的知识帮助理解。"[①] 在学生自学的基础上，教师把学习往深处再推进一步。把"理解语言"和"运用语言"结合起来，以文言文的学习加深对现代语言的理解，促进、提高现代语言运用的自觉性。

第三节　大学语文写作教学的策略研究

一、大学语文写作教学的特征

大学语文课程中的写作教学跟独立的大学写作课程有很大不同，独立的大学写作课程具有系统的写作理论体系，课堂教学中虽然也有读写练习，但这种读或写是为了印证某种写作理论的举证。不少大学语文教材的编者把写作教学的理论或者几种实用文体的写作知识编在文选之后，自称把阅读和写作融为一体，但实际上不过是"编"在了一起而远非"融"为一体。大学语文中的写作教学并不系统地讲授写作理论，而是以学生的写作实践为主，表现为写作练习形式的三种结合，即写作和阅读结合、写作和实践结合、写作和专业结合，这是大学语文写作教学的三个突出特征。

---

① 邵子华. 大学语文教育学 [M]. 北京：人民文学出版社，2016.

（一）写作与阅读相结合的特征

人的写作能力不是单一的技术，而是由材料、动力和方法三个要素构成，它们主要来源于自然界、现实生活以及阅读。对于大学生而言，阅读是他们写作能力的重要来源，阅读能同时提供写作的材料、动力和方法，而且是以感性的方式提供，并且跟思想和精神结合在一起的。

阅读是培养写作能力最根本、最实际的途径。当读到好的作品、好的句子时往往令我们赞叹不已、感到美妙无比，在我们的心里激荡起感情的涟漪，引起心灵的共鸣，产生一种同样也想倾诉和表达的愿望。写作是一种精神创造，写作和阅读结合实际上是多种生活体验和思想认识的交流，是创造欲望的孕育和创造力的发展。写作可以从阅读中获取两种力量的支持。在语文教学中，我们既要重视对文章内涵的感悟理解、品析赏鉴，又要重视对文章修辞结构手法的学习掌握、创造运用；既要重视通过文章培养学生的人格精神，又要通过文章训练让学生掌握写作技能。

大学语文写作教学和阅读结合，首先在大学语文课程设置中把阅读和写作合并，真正做到融为一体。语文教学阅读、写作不能分家，应是互为本位、相互促进。我国语文学科基本上采用文章范例的教学来培养学生语文能力的教学体系，其基本方法是以选定的范文为基础，在阅读的基础上设计训练练习题。阅读离不开写作的深化，写作中应有阅读成果的体现。在课文后明确提出写作要求，或片段或整篇安排训练，有序推进阅读写作同步进行，共同提升。读写结合的关键在于安排在内容和方法两方面既要符合阅读规律又要符合写作规律的教学材料。

读写结合的基本范式主要有以下三类：

第一，文内读写。教学范式一般包括：①阅读理解课文主要内容，浅触情感；②选择敏感点进行文本细读感悟；指导体验课文文字背后表达的深情厚谊；③就课文相关内容，进行或补白或综合等写作训练，提升学生情感。

第二，读内写外。教学范式一般包括：①阅读理解课文主要内容，初步感知主要写作方法；②抓住最能体现文本独特写作方法的语句进行文本细读，感受文本写作方法的独特魅力；③欣赏同类型写作方法的文章或片段，加深对文本独特写作方法的理解；④模仿至创造性练习，从而形成相应的写作技能。

第三，读写从文内走向文外。阅读教学促进情感体验，理解文本构造方法；写作教学促进文本构造方法的掌握，加深情感体验程度。阅读与写作带着情感与方法从文内走向文外。教学范式一般包括：①文内读写，初步理解文章思想情感及文本创作方法；②改写文本，加深对文本情感的体验，加深理解文本创作方法；③文外创作，巩固文本创作方法，自我设置思想情感内涵，自我提升情感及思想认识。

（二）写作与实践结合的特征

写作是对一种思想观念和实践认识的表达，任何写作都属于意识的范畴。根据唯物辩证法和实践认识论，物质决定精神，存在决定意识，人的认识只能从实践中来而不可能从天上掉下来或者是头脑里固有的。所以，实践是写作的最根本的源泉，写作在本质上就是实践的延续或总结。

大学语文的写作教学应当和学生的实践紧密结合，这包含两个方面的意思：一是在实践中写作；二是为实践写作，它的真谛是教学生写真实的生活。真实的言语任务、真实的言语环境、真实的言语成果是写作的三大要素。

在我国大学语文课程中，写作和实践结合通常采用的方式有三种：校园活动、语文综合学习和社会实践。大学社团林立，活动丰富多彩，大学生参与设计社团活动的热情很高。几乎所有的社团过程都离不开言语活动，如演讲、辩论、演剧、活动方案设计、联络等。在校园活动中的写作是真实、自主、快乐的写作，学生能够在自主体验中实现精神成长，促进言语能力的发展，这一类写作指导的关键是教师在校园活动中的积极参与和主动支持。

语文综合活动是在教师指导下，学生选定研究课题、围绕课题收集材料、分析整理材料、讨论解决问题的方案、撰写研究论文或总结报告，然后发布、交流学习成果，这是一个完整的综合学习活动，它包含课题、材料、研究、表达等要素，言语活动贯穿学习活动的每个环节。

社会实践中的写作教学主要是撰写社会实践报告。撰写社会实践报告对大学生具有十分重要的发展意义，可以加深他们对社会人生的认识，历练社会工作能力，砥砺意志和人格。就写作能力而言，这种练习也是全面而且有效的，因为这个过程包含了观察、体验、思考、研究、表达等语文学习的重要元素，这些元素可以构成一个人的真正的精神成长，也是一个人语文能力发展的根本所在。其中对所记录材料的归纳、分析和概括，对观点的提炼、提纲的拟定和表达方式的运用，都可以提升一个人语言运用的能力。

（三）写作与专业结合的特征

写作和专业结合既是发展言语能力的根本所在，也是言语能力的价值所在。在大学语文课程中，"为学习而写作"可以理解为专业的学习而写作，把语文学习和学生的专业学习结合起来，与专业结合的写作不可以狭隘地理解成为专业实用文的写作，而是利用专业的知识解决专业问题的带有欣赏性、文学性和研究性的写作。例如：旅游专业对某一景点解说词的写作，以及对著名景点楹联的综合研究的赏析性写作；法律专业对经典案例及最近有争议的案件的分析，以及模拟庭审词的写作；经济专业对某一商品市场调查报告的写作等。教师要善于让学生带着一个饶有趣味又有一定难度的专业命题去收集资料，写出研究性文章。

写作和专业结合既是开发写作信息资源的有效途径，更深层的意义还在于提高学生的专业认识水平，使他们的写作具有一定专业深度从而增强写作的应用价值。

二、大学语文写作教学的结构

（一）写作活动的三要素构成

写作活动是由文章、世界和主体这三个元素构成的。深入讨论这三个元素的内涵，弄明白它们之间的逻辑关系，对于我们认识写作活动，把握其内部规律运动是极其重要的。

文章是写作活动的结果。它是由字、词、句构成的，其中既体现着文章内在的组合规律——表达方法和技巧，更包含着主体对世界的认识和感受。每个字、词都代表着特定的事物，它们是前人认知的结晶。在写作时，主体只有理解和感受了字词的意思，才能够恰当地运用它们。句子是主体思维的现实，它揭示的是事物的存在及其相互间的联系。表达方法和技巧是主体对待世界的态度，是主体认知智慧的体现，在本质上是主体和世界关系的反映。叙述是对世界的观照，议论是对世界的评判，描写和抒情则是主体对世界的体验。借景抒情，托物言志，也是由物我一体的人生态度所催生的。只有主体精神渗透、入驻于自然物，才可能有所谓的情景交融。方法和技巧绝不是机械的物质化的技术。因此文章既是对世界的反映，又是对世界的观照；既是对世界的描述，同时更是对世界的感受和评价。

在整个写作活动中，主体是最活跃的、具有决定意义的元素。主体具有认知的功能，它能够接受、加工、整合并生产信息。主体以五官和世界建立起初步的联系，在五官感知的基础上，通过直觉形成整体形象，然后经过心灵的内化来催生精神，再联想、判断，往形而上的境界攀升，这个过程就是文章不断打磨的过程。而文章不过是这个内在的精神过程的外在的物质化。所谓文章的表达方式也就是主体感悟世界的方式。至于别人的表达技巧，也只有经过主体心灵的同化才能够运用。字、词的存在状态，句子的组合规则是潜在无形的，它们跟主体的心灵状态和思维方式如影随形，融为一体。

（二）写作主体结构的内外互动

写作主体的结构是一种典型的耗散结构，它必须依靠和外部世界不断进行信息能量的交流才能保持自身的活力，它是开放的，它与世界的信息交流是非线性的。

主体内外信息的互动主要有四种情况：第一，主体内部储存的信息量比较丰富，那就容易接收、整合外部信息并且创生出新的信息。第二，外部的信息量越大越容易打破主体内部结构的平衡，调动起自组织功能，在主体结构跃进的过程中产生新信息。第三，外部信息和主体内部的信息如果在性质上完全趋同或者完全相反，也不能打破主体结构的平衡。最理想的状态是两种信息在性质上存在一定的差异。差异的理想程度因主体各自的不同情况而有所区别。第四，外部信息输入的方式应该是敞开的、具体的、感性的，越是这样就越容易引起主体的反应。

主体结构表现为层级图式。最外层是知识，中间是感悟能力，处于中心的是主体的情感态度和价值观。外部信息是由外到内逐层进入主体结构的。如果主体出现知识断层，那么，外部信息就会被排斥在主体之外。如果感悟能力不够，进入的外部信息就无法再向中心一层传达。外部信息从外到内进入的过程就是信息接收、感悟、转化、增殖的过程。外层是接收，中间层是转化，中心一层则是创生，这是对大体情形的概括，其具体过程要丰富得多，复杂得多。交叉、渗透、往复的现象是普遍存在的。在本质上，这个过程就是主体和世界对话交流、渗透融合、互动共生的过程。

三、大学语文写作教学的方法

（一）写作信息的组合

在写作教学中，先要考虑的问题是选择怎样的信息传送给学生。最基本的要求是所选择的信息和学生原有信息存在一个理想的差异度。换言之，是要从学生的知识、感悟能力、情感态度和价值观的结构状态出发，使新输入的信息在性质的方向上形成一个逆差，产生心理的大幅度涨落；在强度上能够打破原有结构的稳定性，使之远离平衡状态。这样一来，学生便能形成精神上的探求。

另外，对所选择的信息还应精心组织，采取可接受的方式传送给学生。信息的组织是指剪接、组合，可适当采用蒙太奇手法，使信息充满张力和暗示，具有丰富深刻的心理空间感。传送的方式关系到传送信息的有效性。一般而言有三种方式：亲身体验的方式、实物和图形感受的方式和文字符号转换的方式。亲身感受就是让学生置身于信息的实践场景之中，身感心受，这种方式具有实践性和行动性。深入生活，社会实践调查访问都属于这一类。实物和图形感受的方式是采用实物、图片或现代光电技术，部分再现或模拟信息场景，学生主要是通过观看来形成感知。文字符号转换的方式是最常用的，就是给学生提供文字材料供其阅读，把文字符号中的间接经验转化成可以感知的信息场景。

（二）打通写作的思路

写作的灵感是一种练习，只要能善用原本已在脑中的内容，就能将思绪的原料变成实用，甚至是非凡的写作思路。在语文教学中，丰富学生的信息就得面向生活、面向书本以及电脑网络，广泛、有效地开发信息资源。生活是写作的源泉，写作者可以把自己的生活当正文，把书籍当注解。从时间分配上考虑，大学生主要是借助书籍，打通他们与物质世界相联系的思路。

四、大学语文写作教学的途径

（一）诗歌的写作教学

大学语文课程中的诗歌教学无论是对学生运用语言能力的修炼还是对学生精神境界的开拓和提升，都具有不可替代的重要作用，可见，它是实现课程目标不可缺少的重要环节。

大学语文课程中的诗歌写作的特殊性在于，它重视诗歌内容胜过重视诗歌形式，重视写诗歌的过程胜过重视诗歌本身。诗歌写作教学的目的有两个：一是培养学生对语言的敏感；二是培养一颗诗心。在写诗的过程中找到人生在世的重要的本质属性。诗歌首先是思，是一种智慧，是一种人生态度，是人的行走和彰显。诗歌是表达个人情感的最具个性和创造力的艺术，诗歌是一种力量。

诗歌写作教学的重点和难点都是培养学生的"客体感受力"，引导是把主观的定式思维抛开，与吟咏对象拥抱，物我合一，在我们生存的世界中体悟着深邃和博大，感受着生活的呼吸，从而增强对大自然的敬畏和对自己心造图腾或神的崇拜。诗歌的出发点就是诗人的内心，诗人把目前的世界吸收到他的内心世界里，使它成为经过他的情感和思想体验过的对象。只有在客观世界已变成内心世界之后，它才能用语言掌握和表现出来。

（二）散文的写作教学

散文写作最重要的是寻找散文的种子。散文的种子是自己在生活中的真实的感情体验，种子能够生根能够生长，那些好看的枝叶和花朵都是从这里生发的。散文的种子是散文的内在结构，具有极强的生殖性和扩张性。

散文写作教学的技法主要包括：一般技法和辩证技法两类。一般技法包括：比兴、对比、映衬、巧合、象征、通感、意识流与拼贴画。辩证技巧主要包括：虚与实、疏与密、动与静。所谓"实"，即实写，指的是作者在反映现实、描绘生活时所做的正面、直接的表现。所谓"虚"，即虚写，指的是采取烘托、暗示等手法对表现对象所做的侧面、间接的表现。"疏"，即略写，指简要地勾勒出对象的概貌、神态；"密"，即详写，指深刻细致地表现对象的内涵。"动"与"静"，就是将动态表现与静态表现结合运用的辩证写作技巧。辩证技巧还有"抑与扬""张与弛""隐与显""少与多""庄与谐""断与续"等，这些辩证艺术手法运用得好，都能增强文章表达的美学效果。作者的感情与思想、倾向与主张，在写作过程中一般要借助"物"和"事"作为基础和依据。

大学语文课程中的散文写作主要包括：一是锻炼笔力，叙述、描写、抒情、议论等能够灵活运用；二是培养感受力，对生活中的美能够敏锐地发现和富于热情地表达。

（三）文学评论的写作

文学评论的对象是小说、诗歌、散文、戏剧、绘画、影视等艺术作品，评论的目的是对作品的思想内容、创作风格、艺术特点等方面进行分析和评价。文学评论是大学语文教学不可忽视的写作练习，它的教育价值和发展功能都比较突出，学生的文学评论能力对提高他们的阅读鉴赏水平和发展思维认识能力，对培育审美感受能力以及人格塑造，都具有重要作用。

文学评论的写作可以在评价他人作品的过程中更好地学习借鉴，从而开阔自己的眼界，提升艺术品位和表达能力。文学评论的写作教学要感性引导和知性分析相结合，在阅读、定题、评论、写作四个环节加强指导。

从文学评论的写作要求看，阅读既要做到点面结合，又要做到深浅结合。点面结合的"点"，是指作品。所谓"面"是指作家生平、作家其他作品、其他相关作家的作品等，对作品的阅读是获得评论权的最重要的依据，只有阅读作品，才能使自己掌握评论的对象。

文学评论教学要加强学生之间的交流，文学作品阐释的多样性决定了文学评论的见仁见智，也为学生的写作交流提供了前提。学生通过相互交流、讨论、协商，甚至辩论，既能学习借鉴他人评论的精妙之处，又会去质疑他人评论中需要商榷的地方。当交流的双方观点相左时，往往可以激发交流者对已有的评论作品进行再评论的欲望。交流让各自的思想精华在沟通中碰撞，促使学生在理性精神的照耀下获得对作品合理性的解释，从而共享集体的思想成果。更主要的是由于参与了协作与交流，唤醒了他们的主体意识，在审视他人的评论中加深了对作品的理解，对作品的探究视野就更广了，力度就更大了。

写作教学的具体操作过程还是要和阅读教学结合，在阅读中教给审美思想，在阅读中产生论题，在阅读中学习评论方法。需要注意的是，大学语文课程中的文学评论写作要求不宜过高，应当定位为非学术性的评论文体，可以介于读后感和规范的学术论文之间，鼓励学生相信自己的艺术感受，大胆表达自己的思想观点，把感性和理性分析结合起来，评价值，论成因。

第四节　大学语文口语教学的策略研究

一、大学语文口语教学的地位

大学语文中的口语教学，即口语交际的教学。口语交际是听说双方在共同的语言情境中相互传递信息、分享信息的过程，是听与说双方的互动，是人与人之间交流和沟通的基本手段。在人际交往日益频繁普遍的现代社会，口头表达和口语交际显得特别重要，其能力已成为现代学生素养的重要组成部分。

从人类交际的历史来看，文字产生前，人们是依靠口耳相传才使信息得以传播和交流，达到相互了解的目的。文字产生后，又增加了读和写两种交际方式，但口耳相传的口语交际仍然是人们进行社会交际的主要渠道和方式。由于现代科学技术的迅猛发展，口头言语使用的范围和频率发生了巨大的变化。多媒体传播广泛应用的传播方式已经把人们的"耳朵"和"嘴巴"推到了信息交换的前沿阵地，而且，在紧张、快捷工作中的人们似乎也更钟情于简捷、即时的口语交际方式。电信传声技术的进步与普及缩短了人们之间的距离，使人们已经能够在千万里之外用口头言语进行交际。特别是在言语录入已经成为现实的情况下，过去必须借助文字符号才能得以传递的信息，现在可以直接通过广播、录音、电信、互联网等新型设备进行传递交流，这不仅扩展了口语交际的使用范围，其使用频率也远远超过了书面语言。而且，随着信息社会生活的进一步技术化、信息来源的多样化以及生活节奏的快速、直接，口语交际的重要性将越来越突出。

从语言学习和教学的顺序来看，听话和说话是言语活动的基础和先导，而阅读和写作则是在听说基础上派生出来的较高层次的言语活动。人们开始学习语言的顺序依次是听、说、读、写，语文教学的顺序也应当如此。再从语文功能来看，口语交际是从事一切活动所不可或缺的，这不仅表现在现代社会人际间的横向联系加强，良好的口语交际能力是做好社会工作的基本条件，也是提高自己生活质量起码的要求。口语交际还是人们学习语言、获取知识的基本途径和手段。更为重要的是口语交际特殊的育人功能，在口语交际过程中，人的思维能力将获得有效的发展。无论听还是说，都离不开注意力、观察力、记忆力、联想力和想象力等智力因素的参与。口语交际的双方不断接受言语的刺激，会引起头脑中已有表象的再现，还会经过由此及彼的联想和想象而再造出新的意象，产生新的思想。口语交际在信息的接收、编码、储存、分析、转换、输出上，所有这些，几乎是在交际的"瞬间"完成的，速度的要求比读写更快，因此，更能培养学生高度的注意力、理解力、表达力，因而，口语交际可以促进思维的发展，使思维变得异常活跃和敏捷。

大学语文中的口语交际教学任务艰巨，一是紧迫性；二是重要性。因为，在我国的大学教育中，口语交际能力是学生的从业技能之一。为了学生准备就业，能够自如地参与社会活动，必须培养学生的言语行为能力，顺利地实现在实践情境中与人交际。

二、大学语文口语教学的目标

口语交际教学的目标可以从交际态度、交际心态和交际能力三个方面来表述：

第一，口语交际态度的目标。口语交际应当具备的正确的态度是谦虚、积极、求实、负责和自信。谦虚就要尊重他人，文明交往，虚心学习，博闻广识，建立良好的人际关系。积极就是要善于使用大脑。听话时不能把大脑只当成接收器、储存器，还应当成检测器和共振器，对接收的言语信息及时地作出反应。要善于配合对方，形成和谐的交际氛围。说话也不能滔滔不绝，而应注意观察听众的信息反馈，并根据反馈的信息调整说话的内容和形式，以达到沟通的目的。在口语交际中养成科学精神和正直的人格。自信，外在的要求是仪态大方，积极参与，敏捷应对；内在的要求是敢于说出自己的真情实感，展现自己的个性风采。要善于和别人合作。良好的习惯包括礼貌待人，注意力集中，不左顾右盼，漫不经心。听话要有耐心，不随意插话，要及时反馈信息，以期对方再给予说明。说话要热情大方，表达清楚完整，能适当地运用形体语言配合说话。

第二，口语交际心态的目标。口语交际的心态是指在口语交际活动中所表现出来的态度、习惯等个性特征。大学生口语交际要端正心态，积极、自信和真实。积极参加社会活动，重视在各种交际实践中学会口语交际，自觉增强人际交往能力，适应现代社会交际的需要。能考虑不同的目的要求，以负责的态度陈述自己的看法，培育科学理性精神。在讨论或辩论中积极主动地发言，恰当地应对和辩驳。积极参与生活，体验人生，表达真情实感，在生活和工作中，面向他人和社会发出自己真实而有价值的声音。

第三，口语交际能力的目标。听话的能力主要是指在听话活动中表现出来的注意力、辨音力、理解力、记忆力和品评力等素养。注意力是指专注倾听，聚精会神，领会对方的意图。辨音力是要求准确地辨识对方声波的变化，敏锐地辨识语气语调，细致地感知对方传达的意思。理解力要求既要理解字面的含义，还要把握言外之意。记忆力的要求是快速记忆，整体理解。品评力是指要留意说话者发音的不同及说话风格上的差异，鉴别听话内容的正误优劣。总而言之，要善于倾听，敏捷应对，恰当地进行表达。

三、大学语文口语教学的要素

"听话"和"说话"是口语交际的两种主要的形式，身体动作是口语交际的辅助因素。因此，口语交际能力主要包括听话能力和说话能力。

（一）听话能力要素

"听话能力"与"听觉能力（听力）"不是同一个概念。听觉能力是指人的听觉分析器的生理功能，是大脑颞叶的听觉区接受听觉感受器传入一般声音引起的神经活动，这种功能动物也有，有些动物的听力甚至超过人类。听话能力则是指人对言语信息的认知能力，它是人类特有的智力活动。听力是听话的生理基础，但听话能力则是后天教育的结果。

听话能力是一种复杂的心理过程。听话能力的一般过程是：接收语音—理解语意—存储语意—作出反应。听话能力是由既相对独立又相互联系的若干因素构成的一个能力系统，其构成要素主要包括注意力、辨音力、理解力、记忆力和品评力等。

第一，注意力。听话能力除了通过听觉器官接收语音信息之外，还要通过心智活动进行分析、理解、判断所接收到的语音信息，并对这些信息进行反馈。但是，由于口头言语具有声尽语失、稍纵即逝的特点，听者无法控制声波传递的速度和时间，因此倾听时必须聚精会神，自觉地保持高度的注意力。唯有集中注意力专注地倾听，才能听得清楚，抓得住要点，进而理解话语含义，进行正确评价。

第二，辨音力。口头言语是语音、语义、语法的统一体。语音是语言的物质外壳，言语的交际功能基本上也是由语音来体现的。事实上，人在倾听的时候，首先是从听到语音开始的。人唯有听准了对方的语音声波，然后才能领会、理解对方讲话的意思。然而，由于每一种语言里的语音都有其特定的结构法则和组合顺序，不同的语言还有不同的语音音波——音高、音强、音长等千变万化，代表着不同的语义、感悟色彩和言语风格。其次，音波又具有瞬时性。所以，听话时要具备对语音序列、语音音波等语音物质的辨识能力，学会在瞬间内把声音听清楚、听准确，并能辨别出语气的长短粗细、轻重缓急、强弱快慢、抑扬顿挫，还要能够从上下句的关系中迅速而准确地判断出近音、同音词的含义等。

第三，理解力。准确迅速地理解对方话语的内涵和意义、获得有用的信息是倾听的根本目的。如果不理解别人说话的内容，倾听也就失去了意义。在倾听过程中，理解是关键。倾听的理解力主要体现在两个方面：一是对话语字面意思的理解能力；二是对"话外之音""言外之意"的理解能力。这要求听话者在倾听时不但要用耳，更要用脑，要边听边思考。所谓听懂，就是能通过对接收到的各种语音信息的分析、判断，从而准确地把握话语的内在含义，做到分清主次、抓住中心和要点，听出"潜台词"，体会出话语中蕴含的思想感情，这是听话能力最根本的要求。因此，理解能力不仅构成了听话能力的核心要素，而且也是衡量听话能力强弱的重要尺度，成为训练听话能力的基本内容。

第四，记忆力。记忆是人脑对输入的信息进行编码、储存和提取的过程。外界信息输入大脑的渠道有很多条，其中最重要的是眼睛和耳朵。"耳朵"指的就是倾听，倾听不仅是要听清、听懂别人的话，而且还要记住。记忆力能反映出听话的质量，是听话能力的重要方面。

第五，品评力。品评话语的能力是指倾听者在全面理解话语内容的基础上，对所听到的话语产生情感上的反映，并根据一定的标准作出理智评判的能力，它是构成听话能力系统中较高层次的能力因素。

（二）说话能力要素

说话能力是一种综合能力，主要包括说话本身的技能技巧，也反映了说话者的心智水平。一个人的知识储备是说话的基础，思维的特点直接支配着说话的风格。同听话能力一样，它也是由许多因素构成的一个能力系统，其构成要素主要有：组织内部言语的能力、快速的言语编码能力、运用语音表情达意的能力等。

第一，组织内部言语的能力。口语交际要先想后说，或者边想边说。"想"就是组织内部言语。内部言语产生于大脑神经中枢，头脑中储存的所有的信息资料，经过它的筛选、分析、综合、推论、联想，生成了想要说的话，即内部言语。内部言语是散点式和意向性的。组织内部言语首先要思维敏捷；其次要思维宽广和周密。敏捷是指组织内部言语要快，在交谈中，边听边想，对方在说，自己且听且想，聆听之中就想好了如何对答。在独白时，要有构思的框架，确定主要观点，以便在与听众的交流中去发挥去充实。思维的宽广和周密是指组织内部言语要条理清楚，内部言语组织得越好，口语交际就越流畅。

第二，快速的言语编码能力。人们说话时将内部言语转换为外部言语，就是迅速地将"意思"扩展开，并按一定的语言规则进行言语编码，使之形成词汇系列，串联成句子，内部言语就转换成了外部言语，这种把"意思"转换成句子的言语编码是极为神速的。言语编码有两个必需的条件：一是说话者要有较为丰富的词汇储备可供选择和比较；二是要谙熟语法规则，熟悉本民族共用的语法规范，说出来的话符合言语习惯，好懂好记，这种谙熟主要不是建立在语法知识之上，而是产生于在言语实践中形成的良好的语感。

第三，运用语音表情达意的能力。有声言语是以声波形式将语音传递到倾听者的耳鼓进行交流的。在这个过程中，意思是通过语音传达的，意思和语音融为一体，所以语音极为重要。说话人必须能够控制语音，做到发音准确清晰，善于运用语调、语速等发音技巧，通过语音的抑扬顿挫，使语音能恰当地表达和强化自己的意思。其主要内容有：坚持说普通话，准确掌握普通话的语音发音标准。吐字发音准确、真切，做到语音明晰。懂得气息与共鸣的知识，并能够运用。掌握重音、停顿、语调、语速、语流的调控技巧。重音，是突出强调某一词语或句子的，在口语表达中起着重要作用。停顿是说话中的间歇，既是调节呼吸的生理需要，又是传情达意的一种方式，还是镇定自己、组织内部言语、调节与听者关系的一种技巧。语调是表情达意的重要技巧，相同的词语系列，用不同的语调说出，它的意思会发生很大的变化，甚至截然相反。语速是指适当的说话速度。说话的速度既与所说的内容，说话的情绪紧密联系，又要有利于说话者组织内部言语，完成词语的编码。语流是说话时语音按照一定规则组成的线性序列。合适的语流能使各个句子的含义达到表达的最优化。

另外，形体语言在说话的过程中也起到很大的辅助和强化作用，是口语交际中不可缺少的一个重要因素，它能够帮助信息传播者跨越语言障碍，准确地传递信息。形体语言是通过表情、手势以及身体其他部分的动作来表达思想感情的一种无声语言。形体语言包括胸部语言、手部语言、头部语言、腿部语言、服饰语言等，其中头部的面部表情是最为丰富的无声语言，腿部语言是下意识的最为真实的语言，手的动作运用最多，服饰最引人注目，传达的信息也比较直观感性。形体语言丰富而又微妙，分寸的把握极为重要。要练习运用自己的形体语言，向社会传达优雅、善意、自信的形体信息，如挺直的脊梁、充满魅力的微笑、炯炯有神的目光，既是交往者自信、能力、修养的体现，又在社会交际中发挥着重要的作用。

四、大学语文口语教学的特点

口语交际靠声音传达，直接交际，现想现说，入耳入心，以下具体分析：

第一，声音传达。依靠声音传达是口语交际的重要特点，声音传达信息具有便利性和丰富性。首先，便利性是指发声成语，诉诸听觉，比文字传达信息要方便、快捷。接受信息也不需要依靠更多的外部条件，口语交际，逐渐可展开交流。其次，丰富性是指发音的轻重、语速的快慢、语调的升降、停顿的长短等所构成的变化多样的语气，它可以增强表达的效果，这一点是书面语言表达所难以企及的。

第二，直接交际。直接交际是指交际双方（也可以是多方）都在场的即时性的交流，这一特点决定了口语交际的现实针对性和及时调节性。现实针对性是指说话者既要顾及社会文化背景，又要适应具体的交际场合，特别是要切合眼前交际对象的特点，说话要力求得体。及时调节性是指在交际过程中，对象总会通过神态、动作、言语对所接受的信息作出种种反馈，说者根据反馈的信息及时调节，随机应变。直接交际还可以用表情、手势、姿态等形体语言对传达的信息进行补充和强化。

第三，现想现说。口语交际一般没有书面文稿，大都是在很短的时间内形成说话的思路，并且是现想现说，边想边说，这就要求说者的思维必须十分活跃，首先，要迅速调动有关的积累，大致确定说的内容和形式；其次，及时把握听者的反馈，对自己发出的信息进行评价并制定出下一步表达的策略。口语交际在思维上表现为对言语内容的直觉和综合的把握。

第四，入耳入心。声音转瞬即逝，口语交际又是一个步步推进的过程。听者须集中精力，入耳入心，把接收的信息及时纳入自己的认知图式并同时进行积极的反应。

五、大学语文口语能力的培养

（一）口语交际能力培养的基本原则

口语交际能力受多种因素的制约，如知识、阅历、性格、心态、思维等，这许多因素共同构成口语交际的能力。因此要培养学生的口语交际能力，必须从根本上提高各种相关因素的水平，如丰富知识，扩大视野，积极参加有益的社会活动，养成开朗明快的性格，具有开放和自信的心态，锻炼思维的敏捷等，这涉及许多方面的问题，要从一个广阔的范围内来设计口语交际能力培养的策略。主要从以下方面探讨基本原则：

第一，在具体的交际语境中培养的原则。口语交际是听与说双方互动的过程。口语交际教学活动要在具体的交际情境中进行。我们不能指望通过传授口语交际知识来培养学生口语交际的能力。口语交际能力也必须在口语交际的实践中才能养成。具体的语境包括交际的对象、交际的任务、交际的过程三个要素，这项原则要求我们努力选择贴近生活的话题，采用灵活的形式组织教学，鼓励学生在各科学习活动以及日常生活中锻炼口语交际能力。

第二，以具体材料激活学生内心感受的原则。言语是思维的现实，思维必须在内心感受的基础上才能驱动。激活学生的内心包括学生感兴趣的材料、学生的积极参与、学生交际的真实有效三个要素，这项原则要求我们了解学生的思想状态和内心需要，从广阔的范围内选择对他们有趣又有益的材料，精心设计交际的语境，开展丰富多彩的交际活动，吸引学生参与其中，主动言说。

第三，和阅读教学相结合的原则。口语交际教学跟阅读的结合有两个方面的内容，在教学的形式上，那些脍炙人口的作品容易让学生产生情感的共鸣，产生言说的欲望和兴趣，教师引导学生把自己阅读的感悟和理解表达出来。阅读中的感悟、理解主要是借助于内部言语进行的，将读的结果说出来的过程，就是把内部言语转化为口头言语。或者选择语文课本上的作品设计成切合学生的生活应用、具有实践性的交际活动，进行说的训练，这些作品也可以通过范读等形式来训练学生听话的能力。朗诵文学作品，准确把握作品内容，传达出作品的思想内涵和感情倾向，具有一定的吸引力和感染力，也是练习说话能力的好方式。在阅读教学的内容上，注重言语语境义的分析，培养学生对语言运用语境的敏锐感知能力非常重要，因为任何口语交际都是在一定的具体的语境中完成的。语境可分为背景语境、情景语境和上下文语境。背景语境由言语交际的社会、历史、文化背景和交际双方个人历史、文化背景所构成，是内隐性语境。情景语境由进行言语交际活动的时空状况和具体的情景事件以及交际双方现实心理状态与彼此间的关系所构成，属于外显性语境。

在指导学生听力时，教师应结合对课文言语的理解，及时地指导学生认清情景语境，正确地理解听力材料。上下文语境就是具体的语境，即狭义的语境。教师应该要求学生认真听全文，把握全文的总体大意，接着在分析和理解某个句子或段落乃至全文时，要提醒他们不要孤立地去看某句或某段，也不要只看它们的语法性质和语义内容，而应该联系上下文，也就是要联系某句或某段的前言后语，去理解它们的"言外之意"，指导学生根据语境去理解话语所隐含的言外之意，即言语行为理论中的言外行为，以正确地理解说话人的真正目的和意图，从而进一步提高学生的听力理解水平。

第四，密切联系现实生活的原则。现实生活中，每天都发生着大量的新鲜事，这些事因为离我们很近，甚至与我们的生活密切相关，因而最能打动人心，引起思考。如果我们有选择地加以引进和编制，会成为非常有意义的口语交际教材。

（二）口语交际能力培养的具体方式

培养学生口语交际能力的方式很多，有语文课堂上形式比较单一的，也有实践活动中综合性的。对于大学生而言，口语交际能力的培养应当更重视运用综合性的实践活动，如演讲、辩论、演出等校园社团活动以及社会实践活动，这些活动成效切实、显著，对学生的锻炼是多方面的。以下探讨常用的形式：

1. 听话能力训练方式

由于听、说、读、写四种能力是相互交织、相互促进的，因而，要培养其中任何一种能力都需要与其他三种能力的训练相配合。听话能力训练尤其如此。因为听话能力的高低强弱是无法单独进行评估的，它必须以说、读、写的活动为检查手段。由此观之，在语文教学中进行听话能力训练，其训练方式也是多种多样的。实践中常用的听话训练方式有：听问回答、听后复述、听写听记、听读听播、听辨听评。

（1）听问回答。听问回答是指针对听到的发问，准确地进行理解判断，并予以回答的一种听话技能训练。听问回答是一种边听边思考的紧张思维活动，是训练学生听话的有意注意力和听话的分析力、推断力常用的方式。训练的具体方法是：首先，教师要提出问题，并给学生留出思考时间，学生根据教师的发问认真思考，做好回答准备。其次，学生回答问题，其他学生认真听答。最后，教师或学生还要评答。听问回答训练一般应结合课堂教学内容进行，训练的侧重点在于"听"而不在于"答"，主要目的是锻炼学生的听话技能。教师备课时应精心设计提问，以吸引注意，激发学生思辨，促进听话能力的形成。

（2）听后复述。听后复述是指把听到的材料用自己的话语或文字复述出来的一种听话技能训练，这种训练包括了收听、记忆、理解、转述等环节，是使刚接收到的言语信息引起的暂时神经联系得到强化，加深印记，防止遗忘的有效措施，是运用耳口相结合的方法训练学生听说能力的重要手段，对培养学生的记忆力、理解力，促进表达能力的提高具有重要作用。听后复述一般包括听后概述、听后详述和听后创造性复述三种方式。其中听后创造性复述是在听知材料的基础上，从有限的材料出发，展开想象和联想，创造性地复述出来的一种听话技能训练方式。训练的要求是：复述者能从原听知材料出发，借助联想和想象，并用自己的生活经验和知识来补充和丰富复述材料。听后复述可分为口述和笔述两种形式。

（3）听写听记。听写听记是指运用文字符号把听读听说得到的有声语言材料准确迅速记写下来的一种听话技能训练，这种训练是把口头言语迅速转化为书面言语的过程。它需要耳、脑、眼、手的密切配合，多种感官协同动作才能完成。因此，这种训练不仅可以加深对听写听记内容的识记，培养学生稳定的注意力、敏捷的反应力，强化记忆力，而且还可以促进言语理解能力、组织能力和表达能力的发展，同时，也利于锻炼学生的动手能力。听写听记训练可分为听写与听记两种形式。听写训练一般用于课堂教学，重在训练学生的听辨力、记忆力和快速组织言语的能力。听记训练除课堂听讲外，还常用于开会听讨论、会议听报告、调查与采访等，重在训练学生速记要点的能力。听写听记训练不应局限于课堂，应注意向课外延伸，使课内课外结合，让学生在实践中提高听话能力。

（4）听读听播。听读听播是指以静心听取他人诵读文字材料或收听广播为内容的一种听话技能训练，这种训练由于要通过聆听他人读文或广播来理解内容，记住要点，品评优劣，有利于培养学生在一定时间内自觉地把注意力、思考指向听知内容的能力。另外，训练中由于既要用心捕捉语音声波，辨别声调变化，又要对听到的内容进行分析判断，因而，又有利于培养学生边听边思考的能力，这种训练易于学生进入角色，进入意境，产生情感共鸣，受到感染和教育。此外，这种训练对学生接受语感的熏陶和提高普通话水平也大有裨益。听读听播训练一般不单独进行，常与听辨、听述、听议、听评等结合进行。

（5）听辨听评。听辨听评是指对听到的话语材料进行辨别、判断、鉴赏、评价的一种听话技能训练，这种训练由于要一边聆听话语的内容，一边思考，并对发音、句读、内容、语味、表情等作出辨误、判断和评价，所以，这种训练可以锻炼学生思维的敏捷性、广阔性、深刻性、创造性和批判性，提高学生听话的注意力、辨别力、判断力和品评力。训练的具体做法是：首先，教师要有计划地组织好听辨听评的话语材料。其次，由教师（或学生）朗读、讲述或播放录音，师生边听边想。听后再由教师组织学生开展或辨误，或赏析，或评价的活动。最后，教师应进行辩证和评析总结。总而言之，这种训练由于是在准确听记的基础上进行的，旨在训练学生的听辨听评能力，所以，这是一种难度较大的听话能力训练。

听话训练的方式还有很多。教师要根据培养目标和学生的实际情况，灵活地运用并努力探索最有效的听话训练方式。

2. 说话能力训练方式

说话能力训练的方式有：朗读和朗诵、课文复述、谈话和讨论、口头作文、演讲与辩论等。

（1）朗读和朗诵。朗读和朗诵对说话能力的形成起着基础训练的作用。虽然朗读和朗诵依据书面材料，但它依然是把某种信息转化成有声的言语。钻研书面材料，理解、感受，化成自己的思想感情，在这个过程中，学生能够体会到如何组织内部言语，如何进行语言编码，以及最终实现向有声言语的转换。特别是朗诵，对学生吐字发声，形体姿势等说话技能技巧的形成，有重要的促进作用。

（2）课文复述。学生复述课文是在理解吸收的基础上进行的，由于复述的内容是现成的，他们可以着力于内部言语的组织和向有声言语转换。转换中，可凭借原文来实现词语编码。因此，复述对丰富学生的语言，体会内部言语组织的奥妙之处具有很大的帮助。

（3）谈话和讨论。谈话和讨论既是东西方都很推崇的一种古老的教学方式，也是当今培养学生说话能力，促进学生发展的好途径。因为谈话、讨论是在互相切磋中进行的，要听清别人的观点，及时发表自己的看法，所以，这对于培养学生思维的敏锐性和思考的独立性很有价值。在谈话和讨论中，教师要指导学生弄清别人的意图，抓住主要观点，归纳不同意见，并找出其分歧所在。表达时要针对对方的观点来考虑自己的发言，思考好发言的要点，据此生发开去，迅速组织说话的材料，进行内部的词语编码和外部言语的转换。

（4）口头作文。口头作文训练难度大，综合性强。作文的"话题"提出后，要给学生一点构思的时间，然后当众述说。口头作文能够对学生的说话能力进行全方位的锻炼，是一种切实有效的训练形式。

（5）演讲与辩论。口语交际能力的培养自然应该融入日常的语文课堂教学中，但是，口语交际是双方的互动，听说结合更切合现实生活中的交际情形。所以，一个优秀的大学语文教师更应热情鼓励、积极倡导学生参加综合性的实践活动，并且巧于策划、主动组织、亲自指导。在这方面，教师应充分发挥社团的作用，经常开展报告、演讲、辩论、演出和采访、调查等社会实践活动，这是综合性很强的言语实践活动，教育的效率很高，语文教师和学校要经常组织开展活动。在生活实践中，以口语交际的形式完成一项现实任务，解决一个具体问题，学以致用，增强自信，这是口语教学的最高境界和最终目的。

在各种形式的听话训练中，都要充分发挥教师的主体作用。主要包括：设计交际语境，提供相关材料，积极组织，具体指导，做好示范，热情鼓励。特别不能忽视的是，每个人说话的素质并不平衡，由于生理、生活的不同，事实上存在着差异，对那些说话能力差的学生，教师应分析其原因所在，给予热情的鼓励和具体的帮助，让每个学生都有说话的机会，口语交际能力都得到发展。

第五章　大学语文教学人才的培养

第一节　大学语文教师的角色与任务

一、大学语文教师的角色认知

（一）大学语文教师的心理角色

大学语文教师的心理角色是指语文教师应该具备的心理方面和思维方面的素质以及行为规范。大学语文教师是人文精神的弘扬者，大学语文教师应该是学生的精神导师。同时，他应该找到专属自己的风格，倾听自己内心深处的声音。

大学语文教师肩负着传承优秀文化的重任，是精神价值的阐发者，是丰富感情的点燃者。在人们心目中，教师往往被认为是"社会的代表"和"伦理的化身"。语文教师往往容易引起学生的认同感，从而产生模仿的行为。语文教师最容易与学生交流思想认识，语文教师自身的文化修养会直接影响学生的精神世界。学高为师，身正为范。语文教师要在知识、能力和做人上给学生作出榜样，把深厚的情感倾注于教学之中，这是语文教师应有的教育修养，也是做好语文教学的重要基础。

（二）大学语文教师的行为角色

大学语文教师行为的终极目标是发展学生的思想，提高学生的认识水平，在这个过程中形成独立自主的创造能力并最终实现完美人格的发展目标。教师的行为直接制约着学生思想的进程和结果。

第一，大学语文教师要善于设置思想的环境。所谓思想的环境即观点对立冲突的情境，这类情境中潜伏着一个充满诱惑的疑问。人的思想是从质疑开始的。在疑问的逼迫下休眠的思维被唤醒，发散的思维被集中和定向，人从自在状态进入自觉状态，从而形成一种精神的力量来解决疑问。人的主体性就是在这个过程中发挥作用并得到证实。思想环境来自教材并指向教学目标，教师的任务在于发现和揭示，在于引导和推动，还在于对思想环境的范围和程度的把握，设计的标准是要能契合学生思想的现状，能够激发起思考的愿望。

第二，大学语文教师要善于为学生提供思想的动力，促进思想的进程。思想的生成需要一个完整的思维过程，过程的顺利推进需要持续不断的动力输入。在学生思想的过程中，教师要抓住时机，根据需要，或发问，或提供材料，或讨论交流，努力使学生的思维处于活跃、定向、集中的积极状态。

二、大学语文教师的工作任务

（一）大学语文教师的工作特性

大学语文教师的工作具有鲜明的文化性、实践性和艺术性。

第一，文化性。文化是人类精神的空气，人是通过文化和生存的这个世界建立起深刻而广泛的联系的，一个人的力量来自他对文化的掌握程度，而人们接受和传承文化则是从学习语文开始的。大学语文能够为学生的终身学习和有个性的发展奠定基础，也主要是指通过与文化著作的对话来培养起学生的深厚、坚定的文化精神。

第二，实践性。大学语文教师工作的实践性是由语文课程的性质决定的。教师不再是单纯的"教"师，而是"导"师。在教学过程中形成以学生为主体，以"在做中学"为重点，以掌握听说读写的经验和能力为目标，融"教、学、做"为一体，强化对学生能力的培养。语文教师工作的实践性应从两个方面去理解：一是语文教师本身应该具有丰富的语文实践体验，并能把这些体验转化为教学的能力；二是语文教师的教学要着力培养学生的语文实践能力。

第三，艺术性。大学语文教师工作的艺术性指的是语文教学具有相当的技能技巧，具有鲜明的个性。语文教学是一门科学，也是一门艺术，教学的每一个环节都闪烁着创造的智慧。语文的教学过程，是按照美的规律进行的认知实践活动。语文教师在教学活动中的艺术性，表现为语文教师要掌握教书育人的技能技巧，能运用富有创造性的方式方法，能够熟练运用言语、动作、音响、图像等形象化手段，生动有趣、卓有成效地表达特定的教学内容。

（二）大学语文教师的日常工作

大学语文教师日常工作的主要环节有了解学生、钻研语文教材、设计教学方案、上课、布置作业和学习评价，以及听课评课、开发语文综合课程和写教学笔记等。

"大语文"的教育观念已为广大语文教师所接受。在科学技术迅速发展、文化科学知识急剧增长、各种信息高速传递的时代，开发和利用课外各种教学资源，组织好学生的课外活动，对巩固扩展学生的语文知识，培养学生的语文能力，强化语文创新意识，丰富学生精神生活，都具有重要意义。积极开发和利用本地本专业的教学资源，引导学生联系生活实际和现代社会中的现象考察文化问题，学习对身边的这类现象进行分析和解释，提出自己的见解，展示学习的成果。语文教师应高度重视课程资源的利用与开发，充分发挥自身的潜力，参与必修课和选修课的建设，创造性地开展各类活动，增强学生在各种场合学语文、用语文的意识，多方面地提高学生的语文素养。

大学的语文学习特别要组织学生开展文化论著选读与专题研讨，探究古今中外的文化问题。指导学生阅读文化论著，交流阅读体会，对其中的主要内容或观点进行讨论。应指导学生领会精神，抓住重点，不必面面俱到，纠缠细枝末节问题，深究微言大义。应指导学生通过阅读论著、调查梳理材料，学习文化问题探究的方法，吸收优秀文化的营养，增强文化意识，提高认识和分析文化现象的能力，从而更好地传播先进文化。探究学习的目的是要培养学生的探究习惯和探究能力，让学生体验探究的过程，学习探究的方法。其他领域的探究学习中，撰写考察报告、论文之类涉及语文的活动，属于语文"应用"的范畴。进行文化问题的探究，也要注意提高学生的语文运用能力。

第二节　大学语文教师的素养及其构建

一、大学语文教师的专业素养

（一）大学语文教师的自我专业发展

自我专业发展的意识是指对自己过去与现在专业发展状态的反思以及对未来专业发展的规划。自我意识强烈的人具有反思精神，对自己所处环境条件、专业结构、专业水平和发展状态能客观分析。在此基础上，确定发展方向，制订切实可行的专业发展计划，对计划实施可能产生的结果也有清醒的认识。大学语文教师的专业发展具有本专业的特殊性，又具有这个学科在高校学术体系中的限制性，语文教师对此要有清醒的认识，确定明确的目标，采取切实可行的方法，一般而言应从以下四个方面着手：

第一，语文教学实验和语文教学研究。语文教学实验和语文教学研究是语文课程改革中的重要内容。实验可以由国家、省、市、校组织，也可以是语文教师个人探索。教学实验可以是教学内容方面的，教学方法方面的，也可以是综合性的。教学实验需要语文教师加强学习，更新观念，树立正确的人才观、学习观和质量观，把创新意识和实践能力的培养真正贯穿到学校教育教学各个环节中。同时，要加强课程改革实验的科学研究，对实验课题要认真构思，充分论证，要在实验中总结经验。

第二，语文教学研究能力是一个合格的语文教师必备的能力。一个语文教师不仅要掌握教哪些内容、如何教，还要不断追问怎样的教学内容和方式才是理想的，这就要求语文教师探索语文教学规律，研究语文教学现象，关注时代对语文教学的要求。诸如对语文教学现状的调查、历史经验的总结、实验方案的反思、教学方法的改进、教学观念的变更以及教育体系的创新等，都是语文教师教学研究的内容。语文教师的教学研究能力，主要表现在听课、评课、组织教研活动、实验教学改革、总结教学经验、撰写教学论文和专著等方面。要做好语文教学研究，大学语文教师要善于学习新知识，了解新信息。要勤于实践，善于积累，勇于创新。要注意收集有关资料，选准课题，并敢于动笔撰写教研论文或专著，交流自己的科研成果，丰富和发展语文教育理论。选择教研课题要注意从教学实际出发，由小到大，由点到面，逐步扩展。

第三，大学语文教师要不断提高自身专业学术研究的意识和能力，使自己拥有专家学者和教师的双重身份。专业学术研究素养是提高大学语文教师专业素养的关键，也是提高大学语文教育质量、改变大学语文现状和命运的关键。"教师即研究者"是国际教师专业发展的重要理念。大学语文教师要努力使自己在专业学术研究领域有自己的感受、观点和结论、成果，努力提高自身的学术研究水平，以深厚的专业学术修养来增强教学内容的学理性，提升教学的层面和质量，使教学活动永葆旺盛的生命力。

第四，大学语文教师要善于寻找大学语文研究的学术生长点。现代科学技术迅速发展，新知识、新学科不断出现，社会的生产方式和生活形态迅速变化，语文学科与其他学科互相渗透融合，语文教育的目标、内容和方式也在不断变更。我们要善于从这种变化中寻找学术研究的生长点，从"蜗居式"的研究走向开阔和深沉。在语文研究的方法上注重学科交叉、大数据和实证调研，长期关注语文教育的行动研究和叙事研究。

（二）大学语文教师专业素养的内容

1. 大学语文教师以"立人"为核心的思想素养

任何一种理论的形成都有其特定的时代背景和个人背景。语文教师的专业素养是以其思想素养为基础的，即在"立人"为核心的教育思想素养基础上形成的。"立人"的教育思想观和人文情怀是对语文教师素养的基本要求。教育的本质就是将学生内心深处的善良、智慧等这些最美好的人性因子激发出来，加以培育和升华。"语文教师应该发挥其榜样作用，树立崇高的教育理想和博大的教育情怀来感染学生，这是语文教师也是一名教育职业者最基本的从业道德和原则。"[①]

大学语文教师一方面要充分关心学生的身心发展，关心学生成才和学生的思想状况；另一方面更要关注教师自身的发展，教师即使被社会赋予很多光环和责任感，但其归根结底也是一种职业，教师也要在完成本职工作的基础上，充分了解自身，关爱自身，愉悦自身。

（1）关注"人"的发展。所谓以"立人"为核心的教育观是指把人的发展作为教育的核心，关注人的全面发展和终身发展，允许并支持鼓励人的个性发展。在这里，以"立人"为核心的教育观中的"人"不仅包括我们通常意义上的学生，还包括教师。换言之，大学语文教师既要把关注学生发展当作自己的使命和不可推卸的责任，也要关注自身的发展和幸福，为自己的教学注入活力和希望。

第一，关注学生的发展。教学的理想状态或者说正常状态应该是不仅让学生得到自

① 王双同. 大学语文教育研究 [M]. 北京：中国商务出版社，2019.

由全面的发展，同时又要愉悦教师自身，使教学活动成为教学相长的契机。教学要充分尊重学生的权利和自由。大学语文教师要以学生为中心，一切为了学生，保护学生的精神发展和心灵成长，要注意保护学生的隐私。教师要站在和学生平等的地位上与学生交流，应充分考虑学生的心理承受能力和接受力，友好对话，真诚交流。

教育一直在提倡关注学生发展，一切以学生为中心，然而现实情境往往更为关心的是学生的分数，学生的成绩，教师和学生之间往往地位不平等。即使有崇高理想的教师也往往受制于现实而退缩。但真正重要的是把学生的发展特别是学生个性的发展放在一个制高点，把学生放在和教师平等的地位上。学生的生活分为平面生活和立体生活，所谓立体生活指的就是精神生活。教师应该注重学生的精神生活，把属于学生的还给学生，放手让他们建设自己的精神家园。

第二，关注教师的发展。教师是理想主义的事业，必须具有人文情怀和高度的责任感，没有人文情怀和高度责任感的教师是不可能培育出国家所需要的优秀人才的。大学语文教师要达到的境界是：善于等待、善于宽容、善于分享、善于选择。教师教学不应该是表面热闹，缺乏深刻和实质内容，应该拒绝表面的浮华，追求生命最深处的崇高。教学是需要反思的，教师也必须具备独立思考和自我反思的能力。教学反思可以帮助教师更好地审视自我的心灵，获得教学的职业幸福感和崇高感，同时能够不断地改进自己的教学。一个优秀的语文教师必然是不断进行反思，善于接受新鲜事物的语文教师。

（2）以"立言"为核心的语文育人观。语文学习可以使人形成不断学习的观念，培养个体独立自由的阅读习惯和思考表达的能力。语文学习对个体品德的塑造和熏陶，对个体的处世原则的确立和性格养成都具有重要的作用。语文教学作为一门必修课，从小学到大学都是所有课程中的重点科目，同时很多大学也开设了大学语文课程，足见国家对这一学科的重视程度。

语文的这些作用主要是通过语言文字进行落实的，换言之，"立人"是以"立言"为基础的，通过"立言"来达到"立人"的目的。所谓"言"既包括语言，也包括文字；既包括师生对语文教材文本的学习，也包括师生相处时的语言文字交流。在大学语文教学中，学生学习语文课主要是通过教材中的课文来学习基础知识，感悟人生哲理，接受情感熏陶，形成自己独特的价值观和品德个性的。人正是通过听、说、读、写来感知语言，丰富自身的精神境界，加深自身的思想厚度，启发自身的思维和想象力的。

大学语文教师正是通过对语言文字的传授与讲解，让学生在言语中交流、感悟、净化身心，树立理想，确立正确的价值观念，从而使自己成为有文化有教养的社会主义建设者和接班人。因此，语文教师是不能脱离"立言"空谈"立人"的，也不能脱离"立人"单讲"立言"的。学生正是通过课堂内和课堂外语言文字的交流，完成从自然人到社会人，从物质人到精神人的蜕变的。

语言的趣味和思想情感的灵性是互为表里的，语文教师只有充分全面地解读教材中的作品，才能把握语言大师文字中的声音、颜色、味道、情感和质感等，把这种感悟和启发传递给学生。语文教师应该重点把握师生之间的对话，把握文字的语言美，通过语言进行情感熏陶，让学生养成终身学习的习惯，打好终身学习的底子。

要实现"立人"的教育目标，语文教育和语文教师就需要具有特殊的担当。语文教育在对人品性的养成，对人独立自由精神的塑造上都具有潜移默化和深远的影响。实现"立人"的教育目标需要从语文教育出发，把人的发展放在第一位，就教学而言，就是把学生的全面和谐发展放在第一位，为把学生培养成现在社会所需要的自立、自尊、自强、自学的人而不断努力。大学语文教师应该将这一理念运用到语文教学中去，打好学生和自身的精神底子，在此基础上践行和提高专业能力素养。

2. 大学语文教师的文学理论与逻辑思维素养

大学语文教师必须具有较强的文学理论素养和逻辑思维素养，善于抓住文本中的关键线索和关键词，深入解读文本，并把这种思维带给学生。

（1）大学语文教师的文学理论素养。大学语文教师需要具备良好的文学理论素养。文学理论是研究文学本质和发展规律的学科，它建立在对大量作品的创作实践进行研究分析的基础上，涉及创作和艺术表现形式的规律和特点，这门学科源自实践，同时也对实践具有重要的指导作用。在解读文本时，适当运用理论知识能更有效地实现教学目标。基础的文学理论知识是一名合格的语文教师必须掌握的，同时也是提升教师素养的重要组成部分。因此，在解读文本时，注重运用文学理论知识是每个语文教师需要做的。

（2）大学语文教师的逻辑思维素养。大学语文教师既要具备思想素养，也要具备教学知识素养，同时还应该具备一定的教学技能。教学技能的训练应该包括逻辑思维的训练。教师在具有一定的逻辑思维的同时，还应该注重比较和延伸，同时要深挖关键词，从这两个角度来分析文本，解读文本，达到训练自己逻辑思维的目标。

第一，注重比较和延伸。逻辑思维的培养需要分析矛盾，具体到语文教师而言，语文教师应该着重分析文本之间的矛盾。有矛盾才有分析，有过分析和比较之后才能更快地揭示文本的主旨和文章的意义。矛盾的产生通常需要经过比较。有时单一的文本往往很难分析，不同文本之间的比较就会容易得出结论。比较包括同一作者不同时期文本的比较（主题或者题材类似），同一主题同一时期不同作者的比较等。在解读文本时，善于使用比较法，同时也注重文本主题、内涵等的延伸，这种延伸是在掌握大量资料基础上的合理的延伸。

第二，深挖不易察觉的关键词。只有具备较强的逻辑思维能力才能迅速而准确掌握文章中的关键词进行重点分析，同时，善于抓关键词的语文教师一定也具有较强的逻辑思维能力。因此，深挖不易察觉的关键词也是教师专业素养的重要组成部分，对成为一名优秀的语文教师具有重要的作用。关键词分析法是每个进行文本分析的学者和教师都会采用的方法，所谓关键词分析法就是通过分析文本中的关键词来达到理解某一句子、某一段落、某个问题、某个主题等的方法。钱理群先生的关键词分析法与其他学者和教师不同，他很善于抓住文本中很难引人注意的关键词进行深挖，同时他也很善于从大家都公认的关键词中分析出不一样的观点态度，最终发掘文章的主题，解决阅读中的困难，理解文章的深层内涵。

二、大学语文教师素养的建构

大学语文教师要发挥教师的积极性、主动性、创造性。立德树人，竭尽全力提高自身素养，要利用文本中的人物形象或作者的感召力，去培养学生的家国情怀。例如，读《离骚》，要学习屈原坚持自己的治国理念和爱国理想，保持高洁的品格以及至死不渝的精神。读《史记》，要学习司马迁忍辱负重为"究天人之际，通古今之变，成一家之言"的伟大精神。读《苏武牧羊》，要读懂苏武的民族气节和家国情怀。读《石灰吟》的"粉身碎骨浑不怕，要留清白在人间"，是宁为玉碎不为瓦全的舍生取义的正义宣言。

大学语文课要教出新视野，如《长恨歌》的教学，第一句"汉皇重色思倾国"就已经给男主人公下了诊断书，"思倾国，果倾国矣"一语中的。也正因为"重色思倾国"，所以杨玉环以"倾国"之"色"（"天生丽质"）出场后，唐玄宗就失去了定力，"从此君王不早朝"，导致"渔阳鼙鼓动地来"，结果"宛转蛾眉马前死"，"君王掩面救不得，回看血泪相和流"，这就是"长恨"——"天长地久有时尽，此恨绵绵无绝期"。因此，《长恨歌》的"惩戒"意向很明显。首先要让学生吸取历史教训，务正业；其次是对《长恨歌》的结构层次划分，可以将《长恨歌》按"悲欢离合"的人物情感历程作四部分去讲，更符合《长恨歌》的创作初衷。

应该说大学语文课教师受到中华传统思想的影响最大。给学生讲《论语》的"己所不欲，勿施于人""居处恭，执事敬，与人忠"以及三戒、三畏、九思等，教师应该自己做到，才能够讲出真情实感，才会有感染力，才会取得好的教学效果。身正为范，"其身正，不令而行"，正人必先正己，要让学生从教师的言行中吸取正能量。大学语文教师要成为正能量的传递者。

大学语文教师必须有人格。例如，文天祥《正气歌》，闪耀着国格和人格的光芒。陆游用生命书写的绝唱《示儿》诗，那是一位爱国老人在生命的最后时刻，给儿女留下的遗嘱。陆游75岁时重游沈园，"犹吊遗踪一泫然"改写了"男儿爱后妇"的千年遗风。他们无愧于大写的"人"。大学语文教师在充分发挥文本中人格楷模教育作用的基础上，要堂堂正正做人，用高尚人格去感染学生，成为学生身边鲜活的人格样板。社会在发展，时代在进步。大学语文课教师在大力传承人类优秀文化的过程中，要善于挖掘这些优秀文化蕴含的教育元素，竭尽全力去陶冶、浸润心灵，从而起到春风化雨的作用。

第三节　大学语文教师的创新培养策略

教师是人类文明的传承者，承载着传播知识，传播思想，传播真理，塑造生命，塑造新人的时代重任，这是对教师职业的性质认定与基本要求。就语文学科而言，"实现创新型大学语文教师时代化升华的本质内涵，是造就高尚的道德情操、渊博的文化知识、高超的言语技巧、睿智的思维能力以及宽广的胸怀和娴熟的教艺，成为学习型、专家型、引领型、创新型教师"[①]。大学语文教师的创新培养策略如下。

一、培养高尚的职业道德情操

随着国家经济不断发展，人们生活水平的不断提高，对教育事业的要求也随之提高，教师作为教育行业中的核心人员，人们对教师的要求也在不断提高。有理想信念、有道德情操、有扎实学识、有仁爱之心的"四有"教师既是国家对教师的基本要求，也是社会对教师职业的价值认定。面对这样的情况，大学语文教师要明确自身价值，不仅要做好"教师"，重要的是如何做好"人师"，这就要先从职业道德着手，加强淬炼与提升。教师的基本要求包括高尚的职业道德情操、渊博的文化知识素养、高超的语言表达技巧、睿智的逻辑思维能力、宽广的胸怀、娴熟的教学艺术等。从高尚的职业道德情操开始分析，不论是教师还是其他行业，都必须具备职业道德情操，只有具备了职业道德情操，才能真正地投入工作，提高工作质量，主动推动教育质量、教育水平的不断提升。

职业道德是道德的一种，也是道德对职业活动的一种特殊要求，同时职业道德也是道德体系中的重要组成部分。对于高校语文教师而言，职业道德要求教师在教学过程中遵循相应的服务标准和行为标准，这些标准中包括了教师和学生、教师和教学、教师和教师之间的关系。职业道德也是评价教师行为的具体标准，因此，职业道德可以包含三个方面：一是教师教学具有的专业技能，且专业技能有着对应的道德标准；二是教师在教育过程中必须遵循的道德规范；三是教师必须遵守的社会准则。对创新大学语文教育工作而言，大学语文教师需要具备的高尚的职业道德，是指教师在进行大学语文教学时必须根据教师职业道德和大学语文教学的本质特征，调整大学语文教育过程中必须要遵循的相关原则。此外，高尚的职业道德也要求教师在其专业领域内，行使专业的权利，完成自身的责任和使命，主要包括大学语文教师职业的道德信念、道德责任，以及对大学生的伦理责任，更好地推动大学教学的全面发展。

随着时代的发展，社会对教育提出更高的要求，无论是国家的发展还是社会的进

① 侯丹. 大学语文创新教育研究 [M]. 长春：吉林人民出版社，2020.

步，抑或是学生的成长，都需要教师具备良好的职业道德，才能够更好地完成教育工作。可见，职业道德和教师发展相辅相成，职业道德决定教师的行为，教师的行为也反映出了教师的职业道德。大学语文教师只有具备高尚的职业道德情操，才能成为学生的指导者、引领者，也才能起到言传身教的示范作用，不断激发学生的学习兴趣，让学生的综合素质得到全面的提升。此外，职业道德是衡量教师的第一标准，如果没有职业道德，那么其他的要求也失去了意义，想要保证教师的研究水平得到真正的提升，推动大学语文创新教育工作全面发展，就要保证教师具有高尚的职业道德，这是教师基本要求的基础与核心。

因此，大学语文教师必须对教学发展提出具体的想法，而这些想法是在职业道德的基础上所提出来的创新方案，以此保证创新方案的有效性和科学性。和其他职业不同，教师的职业对象是变化的、成长的，而教师的职业道德会对教育对象产生深刻的影响，甚至会改变教育对象的生命轨迹。如果教师具有高尚的职业道德，就会对学生造成深远的影响，让学生终身受益，形成优秀的品德，通过学生影响家庭，影响社会乃至更多的人。由此可见，教师具有高尚的职业道德，是保证教育成功的重要因素。加强大学教师职业道德建设，主要有以下要求：

第一，从思想认识上提高，要把教师思想政治素质和职业道德水平放在教师队伍建设的首要位置。一方面，学校党政组织要强化师德师风建设，通过全校范围内的师德师风学习、宣传、教育、表彰、督查等活动，对全体教师进行统一要求，统一管理，高标准考核，增强每一位教师立德树人、教书育人的责任感与使命感。另一方面，要从教师自身建设抓起，加强个人道德修养，强化自我约束，树立崇高道德规范，崇尚科学，热爱职业，遵纪守法，恪尽职守，增强师德师风建设的责任感与紧迫感。

第二，从专业成长着手，打造过硬本领，深化引领作用。教师作为传道授业解惑者，直接影响学生的价值取向与专业素养的形成。因此，作为大学语文教师要充分发挥身正为范的引领作用，打造高超的育人水平，坚持教书与育人相统一、言传和身教相统一、潜心执教和关注社会相统一、学术自由和学术规范相统一，真正做到学为人师，行为示范，形成严谨治学、诚实守信、追求卓越的学术风格和优良教风。另外，要坚持终身学习，善于反思，不断进取。在学术和教育教学上，求真知，务实情，寻真理，及时更新知识结构，科学运用先进技术，积极投身教学改革，创造性从事教育科研，以高水平教育教学成果追逐梦想。

二、培养渊博的文化知识素养

对于教师而言，劳动输出的方式以脑力劳动为主，劳动方式较为独立、灵活，这是新时期很多高校研究人员的重点研究内容。大学语文教师的一项基本素养就是要具备渊博的文化知识素养。渊博的文化知识素养，可以让教师个人魅力得到提升，也能够让教师更好地引导学生。教师想要引导学生、教育学生，就必须具有渊博的文化知识素养，从而不断提升自身的教学水平和教学质量。教师要秉持积极的学习能力，强力的探索精神，不断积累文化知识，在课堂上引经据典，访古问今，通过不同的方法，吸引学生探究知识的奥秘，辨别实物的真伪，给学生带来积极向上的价值观、人生观和世界观。在这种情况下，教师不仅会成为学生的引导者，同时也会成为学生的成长榜样和奋斗伙伴，从而带动学生全面地发展，推动教学活动丰富多彩，教学质量不断提高。同时，教师只有具备渊博的文化知识素养，才能够对教学研究工作提供全面的帮助，从而更好地促进教学改革与创新。教师的文化知识素养，代表着教师在教学活动中遇到困难可以有效解决，在研究工作中能有独到见解。

（一）具备本学科所需的全部知识

大学语文教师的水平应体现在具有本学科所需要的全部知识上。首先，要有广博的学科文化基础知识，包括社会学科、自然学科、人文学科、新型学科等，这是由语文学科知识的丰富性和综合性决定的。从某种角度说，大学语文教师应该是一定程度上的"活字典"和"百科全书"，只有这样，在教学中才能得心应手。其次，大学语文教师要有扎实而精深的专业知识，其中包括语言学、文学、美学、古代汉语、现代汉语、文学理论、文章学、写作学、哲学、历史学等。牢固而系统地掌握这些专业知识及其相关技能，是大学语文教师必备的能力，只有这样，才能传道授业解惑。再次，作为大学语文教师还要具有丰富的教育理论知识和现代信息技术知识。现在能否掌握现代教育理论，包括教育学、心理学以及现代教育技术，不仅关系到一个教师教学活动的成败，而且也是衡量一个教师是否符合新时代教师职业要求的基本条件。因此，大学语文教师的教育理论和研究能力要与时俱进，不断提升。

（二）具备综合性的文化知识素养

大学语文教师必须具备综合性的文化知识素养，同时要眼界开阔，知识渊博，思维敏捷，反应灵活，善于用智慧点燃智慧，塑造高尚人格，传承优秀文化，这不仅是自身价值追求，更是职业要求。尤其是大学语文教师更应该加强综合性的文化知识修养。

第一，人格修养，形成积极的人生理想、独立的思想观念、深厚的人文素养。语文教师的人格魅力不是追求完美，而是发展积极的心态，表现真实的自我，教师个性的基础和核心自己生命的感悟。因此，必须学会思考，善于反思，树立观点。崇尚科学，追求真理，独立思考，是每一个语文教师都应坚守的人生信念。语文教师的人文素养主要体现在两个方面：一是人文知识，二是人文信仰。具体而言，就是对哲学、历史、社会、文学、美学等知识的通晓以及对社会人的深情关怀，并把人文知识内化为自己的人文精神和人格力量。而语文教师的道德理想又是对现实问题的超越，始终坚持综合系统的理想主义价值取向，以道德之心对待学生，以自律之心对待自我，以宽容之心对待社会，并通过教师职业影响学生与社会。具备理想的语文教师，一定会敏锐地发现语文课程的重大意义，深入地开拓语文课程的积极价值，不断地探索语文课程的诗意境界。

第二，学术修养，形成专家型教师。大学语文教师学术修养的核心是语言文学素养，要理解掌握语言达到精深熟练的程度，要能熟练地操作和富有创造性地运用语言，有丰富的阅读经验，熟悉文学艺术的知识体系和历史渊源，能用扎实的知识顺利解决教学难题。语文教师的教学能力还需要具备教育科学理论，包括教育哲学、教育学、教育心理学和语文教育学，这是成熟教师的教学理论基础。教师只有了解教学规律，运用科学的教学方法，才能有效促进学生主体作用的发挥，从而获得最佳教学效果。

第三，能力修养，形成教育艺术家。大学语文教师的能力结构应该是复合型的，包括语言传媒运用技能、言语表达技能、教学设计技能、课堂控制技能、语文活动技能、教学评价技能以及教学研究技能。多种技能中，语言表达能力和思维能力是非常重要的，但往往被忽略。语文教师的语言既是教学的工具，也是教学的内容，它包含着丰富的文化信息，具有强大的激发和组织功能。教师的语言修养在很大程度上决定着学生在课堂上获取知识的效率。而教师的教学能力要在教学过程中才能得以体现：一是以高度的责任感创造性地履行好自身职责；二是明确的教学目的，不但要让学生掌握语文知识和技能，而且要对学生进行感情价值教育，培养学生独立获取知识的能力；三是有效发展学生的思维能力，通过教学活动让学生在掌握语文知识的同时将知识转化为读写交际能力，不仅要发展学生的常规思维能力，也要发展学生多项思维能力，提高其思维品质，并借以发展学生的智能。

综上所述，教师的知识文化素养不仅可以提升自身的教育教学水平，也会在潜移默化中影响学生，引导学生，让学生认识到知识的重要性，此外教师在实际应用的过程中，也可以从多角度开展教学活动，根据教学内容进行有机拓展，让学生体验到更加丰富的教学内容。

三、培养高超的语言表达技巧

教师在实际的教育教学工作中一刻也离不开语言的运用，包括备课、上课、批改作业，和家长、学生沟通，这些工作都需要教师具有高超的语言表达技巧才能顺利开展。语文是一门学科，也是一门艺术，教学的每一个环节都闪烁着创造的智慧，语文的教学过程实际上也是语言实践的过程，教师语言的形象性、启发性是教学艺术最重要的特征。通过做类比、举例子、摹声、绘状等艺术处理，使学生感知语文教材，如临其境、如见其人、如闻其声，从而产生巨大的感染力，促使学生的感知、思维、理解和想象等认知活动的积极展开。

大学语文教师的语言具有鲜明的学科性质，即可感性、情感性和启发性，具备了这些语言特性，就能将深奥的事理形象化，把抽象的事物具体化，把无声的文字变成有声的语言，生动再现教材的思想内容。所以，大学语文教师理应成为运用语言的艺术家。

教育这一行业非常特殊，所以语言的表达对于任何教师而言都是一个重大命题。从某种角度来看，教育就是作为语言而存在的人的精神活动，教师语言的传达直接作用于学生的心灵，成为师生核心交往的桥梁，促使学生诞生新的思想。大学语文教育相当于一种高级语言教育，具体指向大学生听、说、读、写能力的培养。而大学生自主学习的能力在不断加强，新时代新媒体所构筑的视听文化氛围，为大学生提供了广阔的学习平台，获取知识的途径异常丰富，各种电影、电视、网络资源中有关于文学、艺术的丰富语言资料，不仅对大学生构成强烈的吸引力，而且也对大学教师的语言素养提出了更高的要求。言之无物不行，言之无味同样难以让大学生接受。必须承认，现代大学课堂教学成为"享受"还是"忍受"，教师在教学中的语言素养与表达技巧举足轻重。所以，大学语文教师的教学语言理所当然应具有语文学科的性质，体现语文学科的特征。教师在具体教学过程中需注重语言运用的幽默美、叙述美、哲理美和抒情美。

在信息时代，从美学角度来看，人们生活在一个充满戏剧气氛的历史环境中，或冷或热的幽默性语言更能迅速有效地贴近、牵动、抓住当代大学生。此外，具有幽默性的语言课堂有助于学生学习心态的良性运行，能推动学生产生喜悦与激情。在课堂教学实践过程中，具有幽默语言风格的教师其语言表达往往具有强大的沟通效果，很容易引起心灵共鸣，同时也展示出教师的聪明睿智，彰显自己的人格魅力。大学语文教学中的哲理性语言是学生走向深度思考的指南针，哲理涉及社会、生活、人生历史等诸多规律性探索归纳。大学时代是理性思考高度发展的时期，大学生渴望以高度、深邃的理性视角来深入地剖析自我与世界，培养出适应时代生活、学习的新的精神力量。而文学相对于哲学的冷静、抽象、理性而言更接近感性、具象与情绪。优秀的文学作品往往都不会只停留于事实的表面，而是蕴含着丰富多彩的关于社会、人生、文化历史的深层次的哲学思考。其中有对为人处世的奥义的深思，也有对生命的终极追问、宏观探索以及微言大义，如果教师能掌握好这些哲理性语言适宜的表述角度，势必可以将课文理解引向深入。

大学语文教学中的文学性、趣味性、知识性和综合性特征，很大程度上是通过故事的传达来实现的，教学实践证明，故事的磁场力量有时比单纯的理性传达更为强大。在课堂教学中，教师讲述的故事内容与表达质量高，一般都可以制造出更为有效的、生动的听觉效果。讲述故事可以实现的效果、完成的功能常常是一般道理灌输所无法实现的。大学生生活经验有限，需要曲折生动、丰富多彩、寓意深刻的故事、人物形象来拓展对生活的理解，对文学的了解，对历史的认识，对人生的探索。通过故事可以为课堂营造一种情境，让大学生身临其境，不仅得到感悟与思考，更能促使他们在教师故事讲述中取代、超越其习以为常的视觉享受，进而专注于感受语言的原始魅力，培养语言表达的兴趣与能力。在教学中，教师应多选择充分体现大学语文特色并紧密结合生活实际的有历史性、文化性、时代性、个体性的多元丰富文本，让学生在历史的长河中汲取知识，提升思想，淬炼能力。

总而言之，大学语文教师语言素养和技巧在不是实践中机械地操作，而是追求一种浑然天成的个性表露，那种煽情的语言在大学阶段必须与较为成熟的现代理性精神、智慧思想火花巧妙、自然地融合，方可取得良好的效果。也只有这样高质量的融合，才能体现出大学语文教师情感的深度与力度，这些有赖于教师自觉的知识积累与艰辛的能力训练。

四、培养睿智的逻辑思维能力

逻辑是关于概念、判断、推理的科学，它属于思维训练的内容，它与人的认知能力有关，人的认知能力强，对规律意义上的逻辑就好把握一些，逻辑思维能力最重要的是观察、思考和表现事物规律的能力。读书有规律，这就是读书的逻辑；记忆知识有规律，这就是记忆的逻辑；教学有规律，自然是教学规律。大学语文教师应该掌握系统的逻辑知识，而逻辑思维训练主要是两个方面：一是逻辑知识修养；二是逻辑思维能力训练，这对于大学语文教师而言十分重要。因为思维能力与语文教育的关系十分密切，思维教育在整个教育活动中具有重要地位。

语言是思维的直接现实，思维靠语言来表达，二者是相互依存的关系。在语言表达的过程中，思维活动十分活跃，需要想象、联想、分析、综合、抽象、概括、判断、推理，形象思维和逻辑思维交替进行。在表达语言的过程中，也同样需要复杂而紧张的思维活动参与。如果没有分析比较，就不可能准确地选择词句；如果没有抽象概括，就不可能言之有序，前后统一，合乎逻辑。所以，大学语文教师必须具备睿智的逻辑思维能力。

另外，真正的语文课堂一定是弥漫着一种浓烈的思维文化氛围的阵地。在实际的教学活动中，教师承担着引导学生建立形成正确的语文逻辑思维能力的重任，而这一职能就要求教师先要具备睿智的逻辑思维能力。对于教师而言，逻辑思维能力是完成大学语文创新教育工作的基础，如果教师的逻辑思维能力较差，那么教师也就无法完成大学语文创新教育工作，更不能保证大学语文创新教育的实际效果。首先，大学语文教师要以睿智的逻辑思维能力为基础，具备整合知识、创造知识的能力，善于总结不同知识之间的联系，并且将其上升成为一种全新的知识体系，以此引导学生在大脑中形成语文思维逻辑，将语文知识和社会实践相结合，真正让学生做到学以致用。其次，教师要具有创新逻辑思维的能力，也就是要在教育教学环节中，具有变通的思维能力。

大学语文作为公共基础课程之一，具有提高学生人文素质，提升学生语言应用能力、思维能力的作用，教师必须处理好逻辑与语文内容融合的关系。语文重在语言，逻辑重在思维，如果不把逻辑融入语文，很容易相互割裂，要想方设法将逻辑知识渗透到语文的全过程，贯穿在词语解释、作业、作文、演讲等学习活动中，在具体的教学活动中进行思维训练，不断提升自身能力。由此可见，逻辑思维能力的培养工作就极为重要，教师可以通过旁听其他优秀教师示范课来观察体会优秀教师的教学思维逻辑，对于自身的思维逻辑形成提供一定的参考，从而为大学语文创新教育工作的全面提升奠定基础。教师只有具备了良好的逻辑思维能力，才能够更好地完成自身的使命，为社会培养出更多的优秀学生。

除了上述内容之外，大学语文创新教育工作也需要教师具有睿智的逻辑思维能力，只有如此才能够通过课堂内外的讲授和指导，引导学生进入语文知识的天地，成为具有创新精神和实践能力的综合性社会人才。优秀的教师不仅要具有极高的职业道德素养、丰富的知识素养以及表达能力，还要具有良好的逻辑思维能力，才能够保证自身的全面发展，并且促进大学语文创新教育工作日益完善，教学水平不断提升。

五、培养丰富娴熟的教学艺术

随着社会的发展，人们对创新型教师有了全新的认识。语文教师的素养主要由语文专业素养和教育素养构成。教育素养又主要包括教育观念与个性、教育理论知识、教育能力和技巧三个方面。无论是从理论还是现实的视角分析，对于我们当前的语文教育而言，提高语文教师的教育素养显得尤为重要和迫切。从理论的层面来看，教育的本质和语文教育的自身规律都要求语文教师应不断提高自己的教育素养。丰富的教育素养是一位合格语文教师的必备素养，但是，在高校语文教学中只讲知识的传授，不讲教学艺术已成为不争的事实。

所谓教学艺术，就是教育素质在教学过程中的体现，是提高教学效果的技巧与方法。教师只有具备了娴熟的教学艺术后，才能够在教学活动中更好地把控流程，保证教学工作得以全面进行。想要成为一名优秀的创新型语文教师，就要做到德艺双馨，除了具有高尚的职业道德情操和坚忍不拔的工作态度以外，还要具备高深的学术造诣和知识文化素养，熟悉语文学科的教学方式方法，才能在教学研究和教育教学工作中不断总结经验教训，坚持双向发展，将大学语文创新教育工作的成果全面落实，以此拓展学生的语文思维，开拓学生的视野，让学生得到全面发展。

大学语文教师要以娴熟的教学艺术作为追求目标，不断加强教育素养的修炼，提升自身素养。学校也要加强师资队伍的建设，利用经验丰富的老教师带动新教师发展，对新教师形成引导和示范，以此吸引更多的教师积极展开大学语文创新教育工作，创新发展出现代化的大学语文创新教育方法、思想以及人才培养模式，让学生从根本上提高学习质量，满足学生的学习需求，提高学生的学习成绩，从根本上提高教师的教学质量，满足大学语文创新教育工作的要求。高校教师的教学艺术包括教学方法、教学手段、教学观念等方面，对于教师而言，如果没有娴熟的教学艺术，那么即使拥有高尚的职业道德情操、渊博的文化知识素养、高超的语言表达技巧、睿智的逻辑思维能力、宽广的胸怀也无法让教学工作得到充分发展，因此，教师必须采取科学的教学手段，综合使用多种教学技巧开展教学，实现教学模式发展。

第六章　大学语文教育教学的多维度实践

第一节　生态视域下的大学语文教育

一、大学语文教育的生态哲学观

生态哲学扩展到其他领域，就是用生态和整体的眼光看待各种问题，用生态化的思维去思考各种危机。生态哲学思维倡导用整体、立体、动态的眼光看待生命和事物，弘扬跨学科的研究方法。此外，生态哲学有着丰富的内涵，从世界观和认识论的角度看，生态哲学或者是生态世界观就是运用生态学的基本观点和方法观察现实事物和理解现实世界的理论。大学语文教育的生态哲学观包括：两个基本理念——生态系统理念和动态平衡理念；三个基本理论——生态圈理论、全面和谐发展理论、可持续发展理论；三个基本观点——整体观、和谐观和系统观。

（一）生态哲学观的基本理念

第一，生态系统理念。生态系统理念是指在生态学里，一切事物和现象之间都有一种基本的相互联系和相互依赖的关系。生态学理念中，生态的各种因素之间的作用和联系都非常重要，需要引起足够的重视。

第二，动态平衡理念。动态平衡理念认为，现实和宇宙在根本上是运动的，结构是一种基本过程的表现形式，而且结构和过程两者最终也是互补关系。因此，生态哲学强调的是动态的过程而不是静止的状态，把自然看成一个运动的过程，这是生态哲学对现代哲学的贡献。

（二）生态哲学观的基本理论

第一，生态圈理论。生态圈理论是生态哲学的基本理论之一，自然界的各要素相互制约，实现生态平衡，促进生态系统的和谐发展。这要求我们有整体观，将大学语文教育看作一个有机整体，其中的每一个要素均具有不可替代的意义，发挥着各自不同的作用，共同实现生态平衡。在一个开放、有序、复杂的生态系统中，大学语文教育的各个生态因子相互作用，共同构成了动态平衡的生态圈，实现教师和学生的平衡发展。

第二，全面和谐发展理论。全面和谐发展理论是生态哲学的又一基本理论。生态学要实现的发展不是某一物种或某一区域的发展，而是全面和谐可持续发展。因此在大学语文教育改革过程中要致力于实现教师与学生的全面发展。教师要实现教学相长，学生要实现自我发展。学生的发展也不是某一类或某个学生的发展，而是全体学生的发展；不是学生个别方面的发展，而是身心等的全面发展。这就要求大学语文教育必须因地制宜、因材施教，针对不同学生的特点，采取具有针对性的交往策略和手段，促进学生的全面发展。

第三，可持续发展理论。可持续发展是生态哲学重要的基本原理，要求我们既要考虑当代的发展现状，也要考虑未来的发展前景，实现人类经济建设与环境的和谐发展。以可持续发展理论审视大学语文教育，就是要实现教育目标、教育环境、教师和学生的可持续发展。生态学视野下的大学语文教育以促进教师和学生生命的可持续发展为本，关注个体的内在需求，注重生活体验，遵循教育的内在规律，共同创建动态中稳定前行的大学语文教育生态系统。

（三）生态哲学观的基本观点

第一，整体观。整体观是生态哲学的精髓所在，世界在整体观的前提下成为一个整体，在这个整体中，主客体是可以相互转化的，且都是平等的，处在普遍联系之中。

第二，和谐观。和谐观是生态哲学的落脚点，理想的生态世界是人与人、人与世界的和谐共处，追求的是生态圈的平衡。

第三，系统观。生态哲学的系统观认为世界是由大大小小的系统构成的，每个系统内部都自成体系，系统之间又互相联系。

生态哲学的产生与发展，为生态学以外的其他学科提供了一种新的思维方式和研究方法。对于大学语文教育而言，正是需要这样一种全新的理论视角，去探寻其失衡的现状成因，建立起联系的观念，在动态中追求平衡，更广范围、更深层次去研究大学语文教育。

二、大学语文教育的生态系统因子

大学语文教育生态系统的生态因子[①]有很多，任何与大学语文教育相关的教师、教室、教材等都是其中之一。大学语文教育的良性生态因子主要包含教育主体、教育资源、教育过程、教育环境、教育关系、教育规律等。主体、资源和过程侧重于大学语文教育体系内部的建构与完善，环境、关系和规律则指向对大学语文教育有较大影响的因素分析和利用问题，这些生态因子共同构成了大学语文教育的生态系统，共同促进大学语文教育的生态平衡发展。而各个生态因子系统的互相制约和共生发展，也是大学语文教育生态系统能达到平衡发展的决定性因素。根据生态因子的不同，大学语文教育生态系统可下分为教育主体系统、教育资源系统、教育环境系统等，任何一个因子系统发展的超前或者滞后，都会直接影响其他因子系统，从而造成大系统的割裂与失衡。

---

① 生态因子是一个生态学名词，指环境中对生物的生长、发育、生殖、行为和分布等有着直接或间接影响的环境要素，如光照、温度、水分、食物和其他相关生物等。生态因子是生物生存不可缺少的环境条件，也称为生物的生存条件。

教育生态系统因子中，教育生态主体和教育生态环境是两大不可分割的部分，也是一个由多种生态因素组成的复杂整体，它们都对教育者和受教育者在教育活动中的认知、情感和行为产生影响，对教育活动进程和效果施加持续的系统干预。因此，要探讨大学语文教育的良性生态因子，最重要的是考虑"两个主体"和"三个环境"："两个主体"指教育者和受教育者，"三个环境"是指自然社会环境、学校家庭环境、个体内在环境。除此之外还有"两个关系"和"三种规律"："两个关系"指人与人的关系、人与环境的关系，"三种规律"指自然规律、社会规律、教育规律。

（一）大学语文教育的生态主体

从生态哲学的意义上看，生态就是由生命要素组成的主体的自我成长和更新。而在教育中，这个生命要素组成的主体就是人。因此，大学语文教育的良性生态主体是人，目标就是培养人，培养生态自然的人，培养平等共生的人。

1. 回归教育生态主体的自然性

"自然"不等同于古代农业文明中处于被动的人类仅仅敬畏的"自然"，而是生态文明时代里人们主动打造的生态化的"自然"。也就是尊重人的个体价值，尊重生命本身的意义，顺其自然去引导，使之成为他应该成为的那个人。

（1）自然规律的根本要求。人作为自然存在物，而且作为有生命的自然存在物，一方面具有自然力、生命力，是能动的自然存在物。这些力量作为天赋和才能、作为欲望存在于人身上。人是自然界的一部分，追求教育主体生态化的自然，是顺应自然规律的必然选择。

（2）人和谐发展的真实需要。人本身是由具有自然性的生命要素构成的，人的发展与自然规律、自然环境、自然因素息息相关。要达到人的和谐发展，就需要在教育过程中主动发现和把握人的身心发展的自然特点，遵守其自然发展规则，积极寻找人在教育中的生态位。生态心理学等研究人类身心规律的学科不断发展，为大学语文教育目标的生态自然提供了有利条件，这要求大学语文教育关注情感熏陶，尊重个体生态差异。

（3）社会发展对教育的时代要求。当前社会主义和谐社会的建设对高素质的生态型人才提出了要求，这种人才的核心特征就是身心和谐，有强烈的生态理念。

2. 实现教育生态主体的平等共生

大学语文教育生态系统的主体包括教育者与被教育者。二者的相互共生，是教育生态平衡的关键要素。教育者和被教育者在教育系统中互相依存，相互作用，且能够彼此转换。首先是教育者的客体化。大学语文的教师首先也应该是个受教育者，母语的学习是终身的，教育者对语文的学习也应该是伴随一生的。因此，在教育过程中，要求教育主体能主动意识到自己的客体化，并能够在大语文教育体系中接受教育。其次是实现被教育者的主体化。受教育者在教育过程中不能始终处于被动接受状态，而应该成为学习的主体，主动学习。最后是实现教育者与被教育者的平等化。

大学语文教育关系的三个层次，最低层次是教师主体化，较高层次是学生主体化，最高层次则是师生真正的平等，也就是教师会教，学生会学，师生各自以一种理想状态的互动关系存在，既不失位，也不越位，共同协调、促进大学语文教育的和谐发展。在教育者与被教育者的平衡中，还要求社会给予足够的支持，建构起覆盖全社会的教育网络体系，让教育者和受教育者都有足够的社会资源支撑学习，而不仅仅限于课堂。

（二）大学语文教育的生态环境

教育的环境往往是自然因素、社会因素和文化因素（包括人的心理、生理因素等）相互交叉渗透、融会贯通的复合生态系统，也可视为是由教育的自然环境、社会环境、规范环境和教育对象的生理和心理环境的综合。

教育生态环境同大学语文教育的发生、存在和发展相互影响。大学语文教育一方面需要积极主动去适应环境的发展要求，同时也能积极有效利用环境获得自身更好的发展。因此，大学语文教育生态系统，时刻与外部的社会生态环境和内部的主体生态环境发生着作用，并通过不断地适应和能动地影响环境，达到动态平衡，这样的互相适应和改造的过程就是对大学语文生态环境的优化。大学语文教育的生态环境可以分为三个层次：一是外部的自然和社会生态环境；二是学校和家庭环境；三是个体心理和生理等内在的环境。因此，大学语文的良性教育生态环境包括四个方面：

第一，贯穿生态文明价值观的社会生态环境。经济发展的模式和速度，经济增长方式和利益追求方式都会对教育产生一定的现实影响，大学语文也不例外。要实现社会生态环境对大学语文的积极促进作用，营造贯穿生态文明价值观的社会生态环境，需要社会各界的共同努力。

第二，开放自主、教学相长的学校生态环境。学校生态，包括了以学校学风为代表的学习氛围，以教风为代表的教学氛围，以校园文化为代表的文化氛围。因此，大学语文教育需要营造一种开放自主、以学生为本的生态环境，让学生自己把握学习的主动性；同时也需要营造一种教学相长、专心从教的生态环境，让教师在教学中展现价值，而不仅是传授知识的工具；此外还需要营造一种学校开放包容、自由文明的生态环境，转变象牙塔自我封闭的办学模式，从教育管理理念上就树立起大语文观，与学生家庭、其他高校等社会各界形成整体效应。

第三，氛围融洽、重视母语的家庭生态环境。家庭教育是大学语文的重要教育资源，父母、亲人也是大学语文重要的教育者之一，潜移默化地发挥着或正或反的作用。作为母语教育，大学语文教育比其他学科更容易受到家庭因素的影响。家庭生活是大学生日常生活的重要部分，家庭在母语的学习和使用中占有不可替代的独特位置，因此也成为大学语文教育重要的教育资源和实践平台。一个良好的家庭文化氛围，能有效促进大学语文教育的实际效果。有效的大学语文教育，应充分肯定和利用家庭对大学生形成良好语文素养的积极因素，让学校、家庭和社会在密切结合和相互促进中推动大学语文教育的发展。

第四，健康稳定、积极向上的个体内在环境。个体内在环境指的是受教育者个体内在的身体、心理因素。身体因素是比较容易理解的，健康的身体是学习的基础条件。同样地，心理因素也是学习中有较大变量的生态条件。越来越多人开始认识到健康的重要性，积极锻炼，打好身体基础，是有效学习的先决条件和必要条件，对大学语文而言亦是如此。而心理因素就较为复杂，需求、愿望、情感、认知、信念等都包含在其中。因此，大学语文教育在个体受教育者身上到底实效如何，兴趣、意志、性格和习惯等都会起到一定的影响作用。

（三）大学语文教育的生态关系

在教育生态系统中，生态关系就是指与教育相关的所有生态因子之间及其与生态环境之间的关系。那么，在大学语文教育生态系统中，就是师生、生生、与父母亲人之间的人际关系，以及个体与大学语文教育环境之间的关系。各种生态关系形成了生态链，任何一种关系的破损和断裂都会引起生态链的危机，从而影响生态系统平衡。因此，大学语文的良性教育生态关系主要分为人与人之间的和谐关系、人与环境之间的和谐关系：

1. 人与人之间的和谐关系

（1）平等和谐的师生关系。师生关系最显性、最直接作用于大学语文教育的人际关系，因此备受关注。在生态系统中，师生关系不是教育者与被教育者之间的固定模式，而是可以互相转化的。在终身母语教育中，教师既是教育者也是受教育者。作为独立的生命个体，师生之间也应该是平等的。但目前大学语文教育的现状，受到传统教育体制的支配——服从模式的惯性影响，教师仍然处于控制的位置，学生处于被动接受的位置，且带有高等教育阶段较为突出的师生关系疏离问题。因此，在大学语文教育生态系统中，最首要、最关键的就是师生关系，使之平等、协调、合作、对话，互相促进、彼此交融。

（2）融洽和谐的亲情关系。作为人际关系中的重要部分，父母、亲人的语文素养、教育理念和学习方法，对学生有着润物细无声的潜在影响。教育从来都不仅仅是学校和老师的责任，也是社会和家庭的义务。作为最重要的交际工具，母语在父母、亲人与学生个体的交流中有举足轻重的作用，从而也对大学语文教育的外在系统起作用。重视大学语文教育中的亲情关系，将其纳入教育系统中，并着力发挥其正面引导作用，是研究者和实践者都应该重视的课题。

（3）和谐合作的生生关系。作为独立的生命体，学生在教育生态系统中也与其他个体之间有着相互影响的密切联系。在课堂上，学生之间的关系比任何其他因素对学生的学习成绩、社会化发展的影响都更强有力，但课堂上同伴相互作用的重要性往往被忽视，这种生生关系长期以来并不为大家所重视。在大学语文教育中，需要更多地组织和调动学生之间的合作精神，促进学生之间情感的交融、思维的碰撞。

（4）团结和谐的师师关系。和生生关系同理，教师与教师之间的关系也是有一定影响的。教师个体之间的社会责任、社会权利和社会地位都是平等的，因此平等、互相尊重是最重要的交际原则。这要求教师之间应该互相尊重、互相欣赏，在学生面前自觉维护其他教师的权威，给予其他教师的教学思想、方法和劳动成果足够的尊重。同时自觉营造好团结协作的氛围，让教师之间存在的意见分歧，能通过交流对话的方式得以解决。一个积极向上、团结协作、理论联系实际的大学语文教师团队，对教师自身素养的提高、教育理念的提升、教学水平的提高是有积极促进作用的。

2. 人与环境之间的和谐关系

在大学语文教育的生态环境中，不管是教育者还是受教育者，与社会、家庭学校以及个体内部环境之间都存在着各种复杂的关系。普遍联系，这是生态哲学的重要观点，也是对大学语文教育优化的重要启示，这些复杂的关系涉及范围非常广泛，如从宏观来看，教师与政治、社会、经济背景之间的关系，学生与社会道德水平之间的关系，以及师生与高等教育发展之间的关系；从微观来看，师生与教材、课堂的关系，与网络社会媒体交流之间的关系；等等。环境是个复杂的多面体，因此人与环境之间的关系优化也是一个复杂的多元体系，这要求我们尽可能全面地去考察大学语文教育面临的各种环境要素，去分析各个要素对个体的正反作用，并对其权重有所判定。在具体的教学实践中能够全面、系统、动态地去看待每个要素，并着力于发挥其正面作用，抑制和规避其反面作用，这对大学语文教育效果也是非常重要的。

（四）大学语文教育的生态规律

规律是事物存在和变化过程中所固有的、本质的、必然的稳定联系。任何事物运动过程都是有规律的。生态规律，就是生态运动过程所内含的固有的、必然的和本质的联系。大学语文教育的生态规律按照所属领域不同，分为自然生态规律、社会生态规律、教育生态规律。

1. 自然生态规律

任何一种生态规律的提出都是以生态哲学为基础的，而尊重自然性是生态观的重要观点。因此，生态系统首要的还是遵守自然生态规律，尊重人与事物的自然性。教育不例外，语文教育更不例外。对大学语文教育领域而言，首先就是树立自然生命观，将人回归自然生命体的本性；其次关注生命价值，并用自然的眼光去认识和理解自然界的事物。

2. 社会生态规律

社会生态规律，是指人类生态系统或社会生态系统的运动规律，是主导人类生态运动过程的规律。人类生态系统与纯粹的自然生态系统不同的是，以人及其社会组织为主体，沿着维持人的生命存在，以及社会繁荣的方向来运行。因此，社会生态规律既包含了自然生态规律，又因为有人为的介入，比自然生态规律具有更复杂的形式、内容和特点。在我们的社会现实中，母语交际贯穿了社会发展的各个环节。因此在大学语文教学的良性生态因子中，需要我们尽可能多地去认识和理解与之相关的社会生态规律，并融入大学语文教育过程，特别是重视母语交际的社会生态规律，在母语历史文化沉淀、语言的发展规律等方面需要更多的统筹思考。

3. 教育生态规律

规律其实就是一种关系，但不是任何一种关系都是规律。各种关系当中最本质的关系才是规律。教育中的关系非常多，教育者与被教育者、教育者之间、被教育者之间、教育主体与环境之间、教育方法与教育评价之间；等等。这些关系当中，最本质的必然的关系，就是教育规律。在纷繁复杂的教育现象中，如何去梳理总结归纳其本质联系，辨别、发现和把握教育规律，是大学语文教育生态系统需要重视的地方。教育生态规律很多，在大学语文教育生态系统中我们讨论其中较为常见和重要的三个：耐性规律、限制因子、富集规律。

（1）耐性规律。耐性规律指的是生物的存在与繁殖，要依赖于某种综合环境因子，只要其中一项因子的量（或质）不足或过多，超过了某种生物的耐性限度，该物种就不能生存直至灭绝。在大学语文教育中，教育者和受教育者的比例不合理，学生人数过多，则会直接影响个体教育效果。教育者在教育过程中如果忽视了受教育者的接受程度，过快或过慢都会影响受教育者的学习兴趣和态度，这个规律需要我们研究教育生态因子的耐受度，并让各个因子在正常的耐受度范围内发挥更大的作用。

（2）限制因子。在教育生态系统中，临近或者超过耐性限度的生态因子，就成为该教育生态系统的限制因子。限制因子的存在制约教育系统的正常运动和发展，需要我们不断去发现和优化。教育生态系统中的限制因子是多种多样的，如目前学生人数过多、专业教师过少，都是大学语文教育显性的限制因子。从影响大学语文的要素上看可以分为自然的限制因子、社会的限制因子、精神的限制因子等，要看到这些限制因子的客观限制性，加以重视、理性分析，排除限制作用和影响。

（3）富集规律。教育生态系统中的物质流、能量流、人才流、信息流等高度集中，造成富集现象。教育生态系统中的富集现象，一方面，可以促进教育生态系统的发展，对整个生态系统的优化起作用；另一方面，在一定时间和空间的前提下，如果个别富集度过高，也会产生不平衡，对生态系统的优化起到反作用。例如，大学语文教育中，在课程地位和教育资源没有较大改善的前提下将师资力量快速增强，教师学历层次提高到博士，职称提升到教授，会失去良性竞争、共同进步的空间。

以生命关怀为出发点和落脚点，重视各类生态环境的影响，关注各种复杂的语文关系，尊重各种生态规律的大学语文教育，可称之为生态的大学语文教育。因此，大学语文教育的良性生态因子包括体现自然性、追求平等共生的教育生态主体；贯穿生态文明价值观的社会生态环境、开放自主教学相长的学校生态环境、氛围融洽重视母语的家庭生态环境、健康稳定、积极向上的个体内在环境；和谐的人与人之间关系、人与环境之间关系；关注生命价值的自然生态规律、关注母语交际的社会生态规律、把握语文本质的教育生态规律。

三、大学语文教育的生态系统特性

（一）生态系统的整体性

生态系统的整体性主要表现在其和谐、有序且动态的特点上。那么，相应的大学语文教育生态系统也有和谐、有序和动态的特点。大学语文教育受到社会、文化、经济的环境影响，并与之相适应。大学语文教育内部的各个生态因子，教师、学生、教材、教学方法也是互相联系，彼此作用的。在大学语文教育的系统内部，还有多个子系统，这些子系统有自己的位置和秩序，但不管是生态因子还是子系统都处在不断动态变化中，这种和谐、有序和动态共同构成了大学语文教育生态的整体性特征。

（二）生态系统的普遍性

生态哲学的根本任务就是告诉人们用广泛关联的整体观点看问题，生态学的前提是自然界所有的东西是联系在一起的。生态系统的每一个环节都不是孤立存在的，必然与其他的环节互相关联大学语文教育生态系统内部的每一个生态因子都是普遍联系、相互作用的，不可分割来看。每个生态因子的变化，都不可避免地会引起其他因子的变化，因此各因子之间需要互相约束共生，协调发展。

（三）生态系统的共生性

大学语文教育生态系统具有协调共生的特性，而且这种共生是在与系统中的生态因子互动的过程中产生的，包括系统内部的教育主体之间、教育主体与教育环境之间，以及大学语文教育生态系统与其他学科教育生态系统之间的共生和竞争。从这个意义上说，大学语文教育的生态因子之间是平等的，生态因子之间、生态子系统之间是可以正当、合理、良性竞争的，在过程中做到协调共生才能促进大学语文教育的全面、健康、可持续发展。

（四）生态系统的动态平衡性

生态系统的动态平衡，强调的是人与自然、人与社会、人与人的和谐共生。指的是在某一个时空范围内，生态系统的结构、物质和能量的流动都处于一种相对稳定的状态，但这种稳定不是绝对的静止，而是处于相互适应与协调的动态之中。因此，动态平衡规律同时具有动态和平衡的特性，换言之，在长期来看是具有绝对动态性的，但在某个时期内需要保持相对静态的平衡稳定性。在大学语文教育生态系统领域，就要求大学语文教育生态系统在一定的时空范围内，在具体的条件背景下应该在结构、物质和能量的流动都处于一种相对稳定的状态，教育因子变化太多太频繁会让师生无所适从。但同时又要保持流动性，在不断适应和协调流动中去动态地实现系统的综合平衡。

（五）生态系统的自然生命性

生态哲学的观点是建立在尊重自然基础上的，自然规律必须遵循，人的自然性也必须遵从，这就让教育生态系统和其他自然生态系统一样，具有了强烈的自然属性。大学语文教育系统的自然生命性，就是系统在自然生态中的本原状态，以及生命至上的教育观。各生态因子都有其自然性，回归自然本质，把握和遵循自然界的各种规律。同时，又在系统中尊重每个生命体的存在价值，让教育者和受教育者都回归生命体的本质。只有这样，才能让大学语文教育生态系统符合生态哲学，实现真正的和谐。

（六）生态系统的主观能动性

大学语文教育生态系统是人类可以控制的社会生态系统。人是系统中的主体，系统中的其他因子都可以通过人类的各种主观努力去建构、改善和调控。分析和把握大学语文的生态特征，对于我们更准确地去探寻大学语文在生态学视域下的历史、现状和发展方向，有一定的促进作用。这些特征之间本身有一定的交叉融合，因此也不能去孤立看待，整体性仍然是最基本的特征，这就需要我们积极地探索和把握基本的生态规律，并在不违背其基本生态规律的前提下，主动去协调、优化大学语文教育生态系统的各种生态因子，以实现各因子的位置的最优化、功能的最大化、互动的和谐化，最终去实现大学语文教育生态的综合平衡。

四、大学语文教育的生态课程建构

课程是一种微观教育生态，构成这种微观生态系统的生态因子有课程目标、教师、学生、教学内容以及教学方法等，因子之间平等和谐、互动共生。大学语文生态课程追求一种回归自然、崇尚自主、整体和谐、交往互动、开放生成和可持续发展的课堂，是学生学习、成长和完善生命发展、提升生命质量的平台，同时也是教师专业发展，走向成熟的舞台。理想化的大学语文课程是师生之间交往互动，共同发展的过程，在一种平等、和谐、开放的教育微观生态环境里实现全面和谐的发展。大学语文教学的生态课程的建构，可以从以下几个方面着手：

（一）大学语文教育生态课程的定位

1.确立多维目标

生态课程观要求课程最终目标是使学生能够与自然、社会和谐共处，并从中汲取力量、获得智慧进而使身心得到和谐发展，这种发展是系统全面的，不能简单理解为提高语文表达能力或人文素养。大学语文课程的功能是综合性的，不仅是通过知识学习促进大学生的人文素养，而且与德育、体育、美育相互促进，共同完成对学生进行全面发展教育的任务。因此，大学语文作为一种素质教育，应具有更强的多维综合性，发挥语文教育对学生语言修养、文学修养、文化素养、人格品质、思维创新等方面的多种教育功能。

具体而言，首先，要培养健全的人格，着眼于人的生存和发展本身，思考人的生命价值，获得自我完善、自由发展、平衡和谐的生存智慧；其次，要提升审美水平，引导学生通过自己的思考去提高美和丑、崇高和卑劣、优雅和粗俗的感知力和辨别力；再次，要培育情感，唤醒学生丰富、自由、敏锐的心灵，去关爱生命、关爱他人、关爱世界上一切美好的事物；最后，要培养独立思维，在丰富的语文教学资源中引导学生自觉、自主去关注和思考世界上的一致性和差异性、理性和非理性。

2. 重视生命价值

大学生是处于成熟与不成熟、独立与不独立之间的特殊群体，社会发展的大背景又使他们承受着挑战，随之带来心理的紧张和压力。大学语文教育应该承担起生命教育这一重任，重视情感的培养，教育学生尊重生命，体悟生命的可贵可爱，由珍惜生命再到追求生命意义，提升生命质量，创造生命价值。因此，大学语文不仅在于传授给学生多少语言文学知识，培养多少读写技能，更重要的是，它通过一篇篇凝聚作家灵感、激情和思想的文字，潜移默化地影响每一个人的情感、情趣和情操，影响一个人对世界的感受、思考及表达方式，并最终积淀成为人的精神世界中最深沉、最基本、最稳定的东西——价值观和人生观。

由此可见，在大学语文的课程定位上，要重视生命价值观。尊重生命、敬畏生命，通过具体的、生动的教学实践，去唤醒学生对生命的热爱。大学语文课程教学要表现出对人的价值、人的尊严、人的精神的充分关注，具有强烈的生命品质和人文关怀。

3. 融入多元文化

生态课程观要求把课程看作一个开放的系统，这种开放性决定了大学语文的课程性质必须有多元文化的融合，并体现在大学语文课程的母语特性和丰富内涵上。

（1）语文学科有独特的母语工具性。语文是所有学科的语言工具基础，无论学文学理、务农经商、男女老幼，都要用母语来学习和表达，任何一种科学文化的知识、信息、情感的传递也都必须以母语作为载体。

（2）语文教育从古至今都与各种文化交融。我国的语文教育历史十分久远，且一直与经学、文学、史学、哲学、伦理学等融合在一起。天文、地理、历史、政治，都是以母语文本的形式，在古代教育中发挥着作用。而在现代，语文教育就是生活教育，生活中的所有文化都是语文教育的内容范畴，因此，语文教育内容的丰富性就体现了多种文化。大学语文课程作为多种文化的体现，应该注重多元文化的彼此交融。

（3）大学语文是通才教育的重要部分。在现代社会里，竞争越激烈，跨学科的复合型人才越受欢迎。全世界都越来越重视对大学生实施通才教育，而大学语文课正是其中必不可少的重要环节。从教育性质和功能上来看，大学语文也需要有意识去融合其他学科的文化内涵，并有机结合到语文教学中。

（二）大学语文教育生态课程的设置

1.增加课时量以保障基础地位

在积极引导学生正确认识大学语文课程的同时，更需要保障大学语文的基础地位，从国家层面给予更有力的规范和指导，在各个高校开设大学语文，并作为通识必修课，首先要求各个专业的学生都要学习。其次要适当增加课时量。从大学语文课程本身的特点来看，主要应该在低年级开设，且至少应开满一学期并保证每周4课时，即总体上达到72课时的教学量。最后要注意在课时安排上给予语文教学一定的实践课时比例。让语文教学来自生活、回到生活。适当增加一些学时进行生活化的写作和阅读训练，根据学科特点和地域特色创造性安排一些语文实践环节。

2.考虑差异性以区别设置课程

不同层次、不同地域和不同专业的大学对语文教育的功能和性质的要求是有差异的，学生的基础不同，接受能力和培养目标也有所区别。因此，在大学语文课程安排的时候也需要考虑这种差异性，具体如下：

（1）教学目标的差异。理科偏重语言文字的基础运用，文科偏重文学作品的欣赏写作；高职高专院校偏重语言能力，本科院校更强调人文素养。从高职院校来看，重在发展和完善学生的知识结构，普通本科院校则侧重于培养学生的文化性和审美性，这种差异在适度的前提下是符合教学规律的。但需要有一定的尺度把握，需要有足够的考核监管，这就牵涉到与之联系紧密的教学大纲等管理规范问题。

（2）教学内容的差异。如果一开始就给语言水平还不够的学生教授较为晦涩的经典文本，很明显会影响学生学习的兴趣和积极性。教材为主的教学内容的选择和安排，都需要根据学生的普遍特点来综合考虑，不能统一而论。因此，在教材编写上不适合统一全国版本，而应该根据高职高专、理工科等不同的特点，编写有针对性的教材，满足学生对语文的基本学习要求，又能与专业学习紧密结合。

在安排具体的教学时，还可以结合更细小的专业分类、更明确的地域特色，使之与学生的生活更加相通，增加教学资源的针对性。例如，结合学校所在地增加民俗历史内容，结合艺术专业加大审美体验比重等，这需要教师在教学过程中去主动把握差异性，抓住学生的特点和兴趣，增强教学的针对性和实效性。

即使是同一所学校，语文基础的不同也会存在差异性。在有条件的高校，还可以尝试借鉴英语学科的分级分班教学，全校统一进行语文基础测试，根据水平高低确立初级、中级和高级，分班教学，在师资力量、教学内容、教学目标上做一些调整，以满足不同水平的学生学习语文的热情和需要。此外，还要特别提一下文科类的学生，对语文基础较好的学生，除了基本的大学语文课程外，还应该重视提供更多的文化课程供学生选修，以满足学生对母语教育更高层次的需求。例如，古代文学经典选读、散文欣赏与写作、应用文写作、演讲与口才等，让学生根据自身特点和专业要求自行选择，有利于提高学生语文学习兴趣，反过来提升大学语文课程的吸引力，起到事半功倍的效果，这些课程在一定程度上是对大学语文的深化和广化，同时也是学生进行母语终身教育的需要。

3.激活创造力以稳定教师队伍

在大学语文的课程设置上应该充分给予教师队伍明确的地位，有专门的教研机构，有和其他教师一样的科研条件、收入待遇和晋升机会。因此，要从根本上解决大学语文教师队伍现状。具体而言，在遴选、培训和考核等方面对大学语文教师的生态环境加以优化，激发活力。在大学语文还没有专门教研机构的学校完善体制，给予大学语文足够的重视，保障基础地位，确保专职教师的基本比例。大学语文课程作为高等院校的基础课，课程设置应该更加专业化，更加符合学校和学生的特点，从根本源头上让大学语文课程设置走向完善。

五、大学语文教育的生态课程优化

（一）大学语文生态课程的主体优化

1.把握大学语文生态课程主体特征

（1）学生是不可替代的独特主体。首先，大学语文的学习只能是大学生自身主动进行的认知活动。教师的讲授、示范以及训练，都只有通过大学生自己的认识、实践、体验、内化生成才能起作用，而这个过程也只有由大学生自己积极主动地完成，效果才能最大化。其次，大学语文教育的主要目的是学生的全面发展。学生的全面发展正是建立在自己成为学习主体的基础上，完成人文素质的提高和精神修养的升华，实现教育的最终目标。

（2）教育者的构成是丰富多元的。大学语文教育生态系统中的关系因子，决定了教师、同学、父母家人、朋友、一场讲座的主讲人、一场辩论的辩手、一部电影的编剧等都可以成为大学语文教育的教育者，其中教师、亲属家人、同学朋友因其人际关系的亲密程度，人际交往的频繁程度，成为学生个体最重要的教育者。这种多元的教育者观念，能让学生更有意识去学习生活中的语文，提高学习的效果。当然，教师仍然是教育者中最重要的力量，其主体作用也是不可替代的。

（3）教育主体之间的角色可互换。教育主体指的是在教育活动中占主导位置的人，在大学语文教育生态化系统中，教育主体不仅是教育者，也是受教育者。教育者和受教育者作为生态因子是互相联系的，不仅互相影响也可以互相转换。教师是教育者的主要力量，但同时也是母语终身教育的受教育者。学生是典型的受教育者，但在合作探究性的教育过程中，又能因其对新生语言的敏感度，对网络文化的熟悉度，承担教育者的角色，这种互换在生态系统中是正常的流动，对大学语文教育的健康发展也是非常有益的。

2.塑造大学语文生态型教师的形象

语文教师是大学语文教育生态系统中最富有生命力的生态因子之一。作为教育主体的重要部分，教师自身的教育理念、言语行为、人格魅力、情感价值和专业素养对受教育者，也就是学生能产生重要的影响，在与传统课程不同的生态环境里，教师需要重塑自己的形象，但这并不仅指完全放弃自己的主导地位。在具体的教学行为中，在丰富的师生互动中，关注生命价值，转换角色，丰富教学技能，树立自身的人格魅力，精心设计教学语言，因材施教、不断反思才是大学语文教育生态对教师的根本要求。

（1）转变教师的教学理念。教师只有先塑造自己，才能塑造别人，从传统观念中跳脱出来，形成开放的绿色生态课程观。

第一，率先树立生态意识。教师自身对生态文明、生态文化，尤其是教育生态学要有足够的认识和了解，这样才能把生态意识理解深化，从而内化到自己的教学之中。也只有真正树立了教育生态理念，才能正确认识目前大学语文的教育危机，正确认识教育生态系统的特点，把握大学语文教育系统的优化原则。用平等的眼光看待师生关系，用开放的眼光看待教学资源，用可持续发展的眼光看待教学评价，在教学中引导学生发挥主动性，确立生态意识，真正将大学语文课上成绿色生态课程，这就要求大学语文教师不但要致力于一线教学实践，也要自觉学习国内外教育生态学范畴的著作及最新研究性成果，在实践工作中注重理论与思考总结，在理论学习和研讨中贯彻生态意识。

第二，关注生命教育。生态价值观认为生命价值才是最本质的价值追求，教育就是要回归和实现人的生命价值，提升学生的生命质量。教师就需要最大限度激发学生学习的潜力，回归和实现学生的生命价值，满足学生内在成长的需要。生命教育是大学语文教育的内容之一，关注生命教育不仅能让个体在受教育的过程中学到相应的知识和技能，更重要的是让个体有丰富的生命涵养，能够与他人、社会和自然建立良好的互动关系。教师可以通过丰富的教学资源，引导大学生认识和理解生命的可贵；通过精心设计的教学环节，激发大学生珍惜和追求自身的生命价值；通过对文学艺术的审美体验，帮助大学生发现和创造生命的美好；通过形式多样的实践活动，培养大学生正确的生命态度、生命意识。

（2）提高教师的综合素养。

第一，重视自身的人格魅力。人格是教师的灵魂，对学生有着重要的影响。教师人格是指教师作为教育活动的主体，在职业劳动过程中形成优良的情感及意志结构、合理的心理结构、稳定的道德意识和个体内在行为倾向。教师人格蕴蓄于内，行之于外，是教师内在素养和外在言行的高度统一，这种统一没有职称、年龄和社会地位的影响，看不见摸不着，却对学生有着强烈的感染力和示范性。因此大学语文教师在教学过程中必须重视自己的人格展现和完善，以自身的人格魅力感染学生，言传身教。

第二，展现自己的独特个性。教师的职业形象，是其精神风貌和精神状态与行为方式的整体反映，包括道德、性格、气质、兴趣等内容。在长期的教学实践中，大学语文教师在学生中的形象过于整齐划一，偏向冷静理性，这既有教师这一角色固有的刻板印象，也有大学语文给予教师发挥的空间还不够广阔的原因。教育是在一定社会背景下发生的促使个体的社会化和社会的个体化的实践活动。在倡导个体生命价值的语文教学中，不仅学生需要珍惜和发展其个性，教师也需要保持和展现自己的独特性。教师的个性展现对学生有着较强的示范和鼓励作用。对事件有独立思考，对文本有独到见解，这样的教师在教学中自然就会引导和感染学生善于思考、勇于创新。

（3）打造教师的职业素养。大学语文教师要完成教学，必须扎实提升自己的职业素养，具体从以下方面探讨：

第一，夯实自身语文素养。在大学语文生态课程观影响下，对语文教师主体作用的发挥要求更高了。教师更需要通过自己的语文素养，扮演好点火石、导演和舵手的角色。这其实是在更高的层次上对教师的语文素养提出了要求。语文素养是语文能力和语文知识、思想情感、语言积累、语感、思维品质、品德修养、审美情趣、个性品格、学习方向、学习习惯的有机整合。大学语文教师的语文素养不仅指字词句、语法和文学常识，也包括自身的语感、思维、审美等各方面的知识、情感和能力。另外，要提高大学语文教师的语文素养，首先，需要教师强化终身教育的观念，主动与学生形成合作共赢、携手发展的学习共同体；其次，需要教师重视教研活动，在培训、研讨中与同人不断交流，开阔眼界、激发思维、共同提高；最后，需要教师充分利用网络等学习资源，以开放包容的姿态开展自主学习，积极主动掌握新知识、把握新趋势。

第二，提高语文教学水平。在当前网络文化语境下，大学语文教师要重新建构自己的知识结构，更新教学理念，注重网络语言文学和规范的语言文学的比较分析，适时改变授课模式，丰富学生语文课堂形式，进而推进高校大学语文的有效教学。系统的教学设计和有效的教学方法，是大学语文教师大力探索研究的重要命题，这就要求我们必须对教学目标、教学资源、教学内容有清晰的认识，对学生普遍心理特征和个体特殊情况有全面的把握，对一般教学规律、语文习得规律、高等教育规律有深入的研究。

第三，加强实践教学能力。语文的外延与生活的外延相等，大学语文教学离不开鲜活丰富的社会生活。因此，让语文在鲜活的环境中得到学习和应用，需要大学语文增加实践教学的环节，营造理论联系实践的氛围。这就要求大学语文教师不仅要丰富理论知识传授的技能，更要提高实践教学的能力。首先，教师要在自身生活实践中体验和提高。语文教师必须先有丰富、多面、深刻的工作、生活、情感经历，才能拥有对语文实践的感性认识和经验，才可能有效运用社会生活生成的课程资源。其次，要有意识增加自己的实践机会，还要在广阔的实践中，将实践能力转化为实践教学能力。这就要强化专题性的实践教学研究，尤其要注重发挥教学团队的作用，建立实践教学团队，确立定期的实践教学研究和交流制度，并积极探索实践教学能力提升的有效途径，开展多种形式的训练。

（二）大学语文生态课程的关系优化

1.把握大学语文生态课程教学关系特点

（1）教育主体之间的关系是双向互动的。从生态学的视角透视教育过程，就是一个信息互动、能量交换的过程，这种互动首先应该建立在师生之间。教师与学生在教育过程中，不是单向的"授受"，而应该是双向的"对话"。只有师生之间的教育活动能达到双向流动，才能促进师生关系的平等融洽，从而促进整个生态系统的良性循环。在互动中相互启发，互相影响，共同提高语文学习的效率和效果。这就要求在大学语文教育过程中要给予学生足够的自主性，同时更多地提供学生之间合作探究学习的机会，在互动中优化。

（2）教育主体与环境之间的关系是双向互动的。教育主体和环境之间也不是单向的影响和被影响关系。教育主体的认知和实践，对教育环境也是有反作用的。如果学生的学习态度消极、学习方法单一、学习效果较差，对班级氛围、校园文化这些生态环境因素就会起到明显的牵制作用。因此大学语文教育生态的优化，不仅要重视营造和谐自由平等的教育环境，还要着重发挥教育主体对环境的正面提升作用，在互动中协调发展。

（3）教育生态关系的互动是平等的。教育过程中的互动应该是建立在生态因子的平等基础上的，倡导的是合作式互动。在大学语文教育过程中，师生之间可以在教育资源开发整合、教育环节设计、教育评价设置等方面开展合作式互动，让学生更多参与到教育过程的主导中来。对学生之间而言，教师也要更多注意设计合作探究式学习环节，让学生在分工完成资源收集、讨论完成课题研究、合作完成成果展示等过程中，逐步提升语文素养，优化学习效果。

2.构建大学语文教学中生态型师生关系

在生态型的师生关系下，学生获得教师的尊重、信任和支持，并愿意大胆地表达自己的想法、以积极主动的态度参与到语文课堂教学中来，形成母语学习的良好习惯。教师也获得学生的尊重、信任和支持，并愿意与学生一起探索语文教学的各个环节，在教学中完善自我，这是理想中的大学语文师生关系，各自归位，各司其职又互相联系，互动合作，共同发展。要构建生态型的师生关系需要做到以下几个方面：

（1）互相尊重的情感互动。大学语文的教学过程不仅是一个知识传授的过程，是师生之间进行生命体验交流和情感交流的过程，这种交流的先决条件是教师与学生的平等。教师必须尊重每一位学生的尊严和价值，不能因为专业不同、基础差距、家庭和性格差异等个体因素而产生偏倚。尊重学生是良好情感互动的前提，尊重每一位学生的个体差异和特性，尊重每一位学生在语文学习上的快慢难易。在尊重学生的基础上还要学会欣赏和赞美学生，用轻松和亲和的语言营造愉悦的课堂心理氛围，在情感沟通中激发学生的学习兴趣。

师生双方的情感沟通是教育过程中最富有生命力的部分，也是最不可回避的部分，这种沟通是相互的，彼此影响也比较直接。教师主动与学生沟通，可以更快更准确地了解学生的心理状态和精神需求，而学生主动与教师沟通，则能让学生更快更准确理解教师的情感状态和精神追求。因此，平衡和谐的生态型师生关系，不仅是教师需要尊重、欣赏和赞美学生，学生也需要对教师产生情感认同，并给予积极回应。当然，这个过程是相互的，一个尊重学生的教师也必然会得到学生的认同，得到学生的尊重也必然会促进教师的情感加深。

（2）彼此合作的教学互动。教育生态理念强调确立师生的主体性。教师和学生都是大学语文教育的主体。在教学过程中，教师的主体性是借助教材和教学手段等客体，把自己的知识、技能和思想展现在学生面前，其目的是调动学生的主体性；学生的主体性则是在参与教学环节、独立思考和表达的过程中，深化自身学习的主体性，把教师传递的知识、技能和思想内化为自身的力量，这种互动需要师生双方的合作，而非竞争和对抗。

师生的主体性是动态的，双向互动的，在对话过程中，不断激活，不断调节。大学语文教学过程中的师生关系就是主体与主体的交流与对话，而对话必须以理解为基础。师生之间的对话应以双向理解为导向，在彼此理解和沟通中开展教学。就教师而言，要让学生作为独特的个体，愿意站在平等的角度去呵护、帮助和激励学生，并能够容纳学生的不足和过错；就学生而言，则是将教师看作跟自己相同的个体，愿意接受教师的指导和帮助，愿意与教师一起建立和谐的教学关系，主动体会教师的教学意图。

真正的理解是建立在情感的良好互动上，建立在平等尊重、互相欣赏中。只有真正的彼此理解，才能达到由内至外的尊重和欣赏，因此师生之间，通过对话让彼此真诚而有效沟通、经常换位思考、找到对方的闪光点，才能让理解落地生根，也才能让教学互动呈现出合作而非对抗的状态。

（3）交响共鸣的发展互动。师生之间既然是互相尊重、彼此合作的平等关系，其最终指向不仅是学生的发展和独奏，而应该是师生的共同发展。教育是一个动态的过程，无论是教师还是学生都处在动态发展的过程中。而生态型的大学语文师生关系最理想的状态就是能达到师生共同的进步和发展，实现人的全面发展的教育终极目标。这种进步和发展，要求教师将自己置于终身学习的氛围中，在教学中不断提升自己；要求学生充分发挥自身的主体作用，在教师的引导下独立思考、敢于质疑，在学习中不断完善自己。

在大学语文生态课堂上，教师应该更多扮演帮助学生发现问题的角色，而如何去分析和解决问题由师生共同去探索研究，在这个过程中共同发表意见、获取知识、提高技能、沟通情感、发现创新，从而促进自身的发展。这一点的落实，并不是要否定教师主导地位的发挥，而是将教师从不敢出错、不敢触碰自己不擅长领域的心态中解脱出来，激励教师更加主动去学习和弥补自己的短板，提升自身素养和教学水平，以满足学生日益增长的学习需求。特别是媒介素养的提升，完全可以在师生之间互相帮助、互相促进中完成。

另外，构建生态型师生关系，让语文课在宽松和谐的课堂氛围中进行，在情感的沟通中达到平等尊重，在合作的互动中实现彼此理解，在共同的进步中完成发展，这是整体动态生态观的具体体现，也是大学语文改变现状的迫切需要。

第二节　大学语文教学人文维度的深化

一、大学语文教学人文维度深化的意义

语文教学是培养学生综合素质和人文精神的重要环节。随着社会的发展和教育理念的变革，大学语文教学也在不断演进和深化。其中，人文维度在语文教学中扮演着重要的角色。大学语文教学人文维度深化的重要性主要体现在以下几个方面：

第一，大学语文教学人文维度的深化有助于培养学生的人文素养。人文素养是指一个人对人类文化、历史、价值观和艺术的理解和欣赏能力。语文教学作为一门人文学科，应当在教学中注重培养学生对于文学、语言和人类文化的感悟和理解。通过阅读文学作品，学生可以感受到作家的情感表达和思想内涵，了解历史背景和社会文化，从而提升人文素养。人文素养不仅是一种知识的积累，更是一种思维方式和价值观的塑造，对学生的个人成长和社会适应能力具有重要影响。

第二，大学语文教学人文维度的深化有助于培养学生的人文关怀与情感认同。在教学中，我们不仅要传授语文知识，更要培养学生的情感体验和人文关怀。通过阅读和分析文学作品中的人物形象和情节，学生可以感同身受，思考作品中所反映的人性、道德和社会问题。这样的情感体验有助于培养学生的同理心和关怀他人的能力，使他们能够真正体验到文学的情感价值。同时，通过文学作品的阅读和讨论，学生还可以发展对自己文化身份的认同和对其他文化的包容与理解，增强跨文化交流的能力。

第三，大学语文教学人文维度的深化有助于培养学生的审美能力和创造力。文学作品是艺术的产物，通过对文学作品的鉴赏和创作，学生可以培养自己的审美能力和创造力。在语文教学中，教师可以引导学生通过欣赏文学作品的语言表达、情感描写和艺术形式，培养学生对美的敏感和欣赏能力。同时，通过创作文学作品，学生可以发挥想象力和创造力，表达自己的思想和情感。这种审美能力和创造力的培养对于学生的综合素质和未来的发展具有重要意义。他们可以运用所学的语文知识和艺术表达技巧，创作出独具个性和艺术价值的作品，展现自己的才华和创意。

总而言之，大学语文教学人文维度的深化对于培养学生的人文素养、人文关怀、审美能力和创造力具有重要意义。通过对文学作品进行教学和探讨，学生可以拓展视野，感受人类文化的魅力，提升自己的综合素质和个人修养。教师在教学实践中应注重培养学生的情感体验和人文关怀，通过创造性的教学方法和活动，引导学生发展审美能力和创造力。只有深化大学语文教学的人文维度，才能真正实现语文教育的目标，培养出具有人文精神和综合素质的高素质人才。

二、大学语文教学人文维度深化的策略

（一）优化大学语文教学内容的选择

大学语文教学人文维度深化要从培养学生的审美现代性和敏感性开始，因此在教学内容选择方面要兼顾审美和现代性。对教师而言，关于人文素养的语文教育不同于目的性明确的技能性语文教育，教师很大程度上要自己选择教学内容。教学内容的选择可以从人文素养的不同角度出发，如审美敏感性的培养、人文关怀的培养、传统与现代人文素养的结合等。以"审美敏感性"的培养为例，教师要选择一些具有审美特征的诗句加以适当的讲解，让学生理解审美的相关要素。

（二）完善大学语文教学方式的选择

大学语文课堂教学的方式不应仅拘泥于课堂教学。作为一件艺术品而存在的文学作品本身就与世界紧密联系，所以教师可以选择放慢教学节奏，甚至可以用很长的时间去讲解某一段文学作品的内涵。大学语文课的人文素养教育可以参考某些高校的读经班模式，在课程的范围内尽可能地对文学作品的其他要素进行延伸。由于欣赏文学作品必须具有一定的相关知识基础，所以教师应尝试对这种知识进行构建，引导学生学会欣赏文学作品。教师要意识到课堂上的传授终究是有限的，授人以鱼不如授人以渔。

大学语文课堂教学的方式也要多样化，教师在条件允许的情况下可采用多媒体形式直观地表现相关内容，引导学生完成学习任务。在以人文素养培养为目标的大学课堂教学中并不需要考虑进度等问题，人文素养的培养不能一蹴而就，需要长时间的培养以及学生自身对人文文化的好奇，就这一点来说，教师只能在人文素养的培养方面引导学生产生兴趣。教师授课的趣味性因人而异，但是有趣的课堂教学一定更有利于学生对好的作品产生兴趣。

（三）大学语文教学中的人文关怀培养

人文关怀是基于同理心而对周边事物形成的一种关切情绪，也是人文素养中最重要的精神特质之一。培养人文关怀是大学语文课程的高级目标，更是一个潜移默化的过程。在大学语文教学的人文素养培养中，人文关怀不能直接培养，它需要各种前提作为基础，如同理心的培养、观察和体验生活的能力培养、抽象化的审美能力培养等。因此，教师在大学语文教学中的任务重要且复杂，作为教师，对此要有充分的认识。

第三节　大学语文教学中的新思维探究

　　随着时代的发展和教育改革的推进，大学语文教学也在不断变革和探索中。传统的语文教学注重知识的传授和应试技巧的培养，但在当今社会，这种传统教学方式已经无法满足学生全面发展和创新能力的培养需求。因此，倡导新思维的语文教学在大学阶段应运而生。新思维是面对复杂问题和挑战时，以非传统、创新和跨学科的方式进行思考和解决问题的思维方式，它强调独立思考、跨学科思维、创新思维和批判性思维等特点。一是独立思考：鼓励学生独立思考问题，培养他们的自主学习和解决问题的能力。二是跨学科思维：鼓励学生运用不同学科的知识和思维方式来解决问题，促进综合能力的培养。三是创新思维：培养学生的创新思维和创造力，鼓励他们提出新颖的观点和解决方案。四是批判性思维：培养学生的批判性思维能力，鼓励他们对信息进行分析和评估。

一、大学语文教学中引入新思维的重要性

　　第一，培养学生的综合能力。传统的语文教学主要注重语言技能的培养，但现代社会对大学生的要求已不仅限于此。引入新思维的语文教学可以培养学生的综合能力，如批判性思维、创新思维、问题解决能力和跨学科思维等，使他们具备面对未知挑战的能力。

　　第二，提高学生的思辨能力。新思维注重学生的独立思考和批判性思维能力的培养。通过教学设计和课堂实践，教师可以引导学生对文本进行深入思考和分析，培养他们发现问题、提出问题和解决问题的能力。学生在分析文本时需要考虑多个角度和层面，运用批判性思维对文本中的论点、观点和逻辑进行评估和辩论。这种思辨能力的培养有助于学生拓宽思维边界，提升他们的逻辑思维能力和论证能力，培养他们成为具有独立思考和判断能力的思想者和决策者。

　　第三，培养学生的创新思维和创造力。新思维强调创新和创造力的培养，这与传统语文教学中对文本的解读和模仿有所不同。在大学语文教学中，教师可以引导学生进行文学创作、批评性写作和修辞应用等活动，鼓励他们表达个人独特的观点和情感，激发他们的想象力和创造力。通过这些创新性的活动，学生能够体验到语文的魅力和创造的乐趣，同时培养他们的创新意识和创造力，为他们未来的学习和职业发展打下坚实的基础。

　　第四，培养学生的合作与交流能力。引入新思维的语文教学注重学生之间的合作与交流。通过小组合作、讨论和互动，学生可以分享彼此的观点、启发和建议，培养他们的合作精神和团队合作能力。同时，通过参与课堂演讲、辩论和文学鉴赏等活动，学生能够提升自己的表达能力，增强他们的社交与沟通能力。这种合作与交流的培养有助于学生在

现实生活中更好地与他人合作、交流和解决问题。

二、大学语文教学中新思维的培养及实施

第一，设计开放性的学习任务和项目。在大学语文教学中，教师可以设计开放性的学习任务和项目，鼓励学生自主选择和探究感兴趣的话题和问题。通过自主学习和探索，学生可以运用新思维的方式思考和解决问题，培养他们的独立思考和创新能力。

第二，引导学生进行批判性阅读和思考。教师可以引导学生进行批判性阅读，培养他们对文本的深入理解和分析能力。通过提出问题、进行文本解读和逻辑推理，学生能够更好地理解文本中的思想和观点，并对其进行批判性评价。教师可以组织小组讨论或辩论活动，让学生在对文本进行分析和解读的过程中互相交流和碰撞思想，激发出不同的见解和观点，培养他们的批判性思维和论证能力。

第三，结合跨学科教学。新思维的培养需要跨学科的思维和知识结合，大学语文教学可以与其他学科进行有机的融合。教师可以引导学生运用其他学科的知识和方法来解读文本，如历史、哲学、社会学等。通过跨学科的学习和思考，学生能够拓宽视野，丰富自己的知识体系，同时培养综合思维和问题解决能力。

第四，创设创新性的学习环境和任务。为了培养学生的创新思维和创造力，教师可以创设创新性的学习环境和任务。例如，组织学生进行文学创作、修辞应用或文本改编等活动，鼓励他们发挥想象力和创造力，自主表达和创作。同时，教师可以鼓励学生参与文学比赛、研究项目或社会实践，将语文知识与实际生活相结合，培养学生的实践能力和创新意识。

在当今社会，大学语文教学需要适应时代的需求和学生的发展需求，引入新思维的探究是大学语文教学的重要方向。通过培养学生的综合能力、思辨能力、创新能力和合作与交流能力，大学语文教学可以更好地为学生的全面发展和未来的职业发展做好铺垫。教师在教学实践中可以采取开放性的学习任务和项目、引导学生进行批判性阅读和思考、结合跨学科教学和创设创新性的学习环境和任务等策略来引入新思维。只有不断探索和创新，大学语文教学才能更好地满足学生的需求和时代的要求。

第四节　语言艺术下的大学语文教学内涵及其实践

一、大学语文教学语言艺术的内涵

语文作为一门语言学科，其表现的艺术性在于语言的艺术性，通过优美的语言，可以为学生带来较好的学习感受。大学语文教师对教材的知识进行讲解的过程中，需要运用自己的方式来将朴素的语言进行加工，使其更富有美感与艺术性，从而吸引学生学习的兴

趣。简单的语言经过加工后，会呈现出较美的艺术性，并且在对语言进行升华的过程中，可以从词语语气及感情方面来对语言进行加工，使其可以更加富有情感。语言加工是一名优秀语文教师应当具备的能力，通过加工后的语言来对学生进行教导，可以使学生更容易理解，并获得审美能力的提升。对语言进行加工，主要是对其内容进行丰富，使学生对文章原本表达的内容得到更好的理解，并且感受到文章中所蕴含的情感，使学生的语言表达能力、审美能力都能得到有效提升。

大学语文教师有着较强的社会责任与社会使命。需要运用自己掌握的知识和经验来对学生进行教导，并且应当不断提升自身的能力，为学生带来更好的学习效果，使学生可以具备较强的语言表达能力及人际交往能力，这对于学生未来发展起着至关重要的作用。语文教师对于学生的思想道德素养及人文知识的提升起着重要的影响作用，因此，语文教师应当不断丰富自身，使其可以具备更高的教学能力，为学生树立正确的典范，帮助学生找到奋斗的方向与目标。同时，语文教师对学生进行教导的内容，不仅是语文方面的知识，更是人文素养的提升，以及对学生语言表达能力的锻炼。通过学习语文这门学科，可以使学生的情感更加丰富、表达能力更好，并且在与人交往的过程中获得较好的交流感受。良好的语言表达能力，有助于建立友好的关系，教师需要运用自身掌握的知识及价值观的引导，来对学生进行积极的影响，使学生的身心得以健康发展，并获得全方面能力的提升。

（一）大学语文教学语言艺术的重要性

大学语文教师在对学生进行知识传授的过程中，主要通过语言表达的方式来对学生所要接触的内容进行学习与掌握。因此，语文教师的语言质量成为决定学生学习效果的重要因素。教师需要不断学习与探索，运用具有艺术性的语言来对学生进行课程的讲解，吸引学生的注意力，帮助学生获得更好的学习感受。

在课堂讲解的过程中，教师与学生交流的唯一方式也是语言的交流。大学语文教师通过自己的语言来将教材的内容对学生进行详细的讲解，学生则通过语言的方式来将自己的疑惑进行表达，教师与学生之间良好的语言交流，可以促进二者之间友好关系的建立。在教师与学生进行互动的过程中，语言为其提供了很好的媒介，通过语言的方式，可以使教师与学生之间的沟通更加顺畅，教师也可以将知识在最短的时间内向学生进行更好地讲解，使学生的课堂效果得到保障。

为了使学生获得更好的学习感受，大学语文教师应当不断提升自己语言表达的能力，将语言的艺术性得以体现，使学生受到教师潜移默化的影响。并且优秀的语文教师会对自身有严格的要求，这使得自身可以为学生树立起正确的典范，帮助学生获得语言质量的提升，从而促进学生语言质量的进步，使学生在人际交往过程中获得较好的感受。

在课堂上，大学语文教师应当运用书面表达与口语表达相结合的方式，来对学生进行知识的讲解，使学生既能感受到语言的艺术性，又可以感受到语言的通俗性。这极大地激发了学生对于学习语言的热情，并且使学生的语言能力得以丰富，使学生在学习语文的过程中更加轻松愉快。

语文学科中的语言内容博大精深，但是学生上课的时长有限，教师需要找到语言艺术中重要的部分来对学生进行讲解，使学生可以在较短时间内感受到较高艺术性的语言，帮助学生提升语言质量。在课堂上，大学语文教师不仅需要帮助学生掌握良好的语言学习方法，更应当留给学生足够的自由空间来进行语言表达与交流，使学生有展示和锻炼的机会。只有在不断实践中验证理论知识，才可以使学生的能力得到提升。

1. 语言艺术是顺利进行教学的保证

优质的课堂教学需要教师与学生相互配合、彼此帮助才可以形成。不是教师一味地进行讲解，学生进行听课，而是教师给予学生较为自由的发挥空间，使学生的思维能力及动手能力都可以得到锻炼。教师则起到辅助与引导的作用，帮助学生确立正确的学习方向，并且在学生遇到困难时及时帮助。大学语文教师在对学生进行引导的过程中，富有艺术形式的语言表达，可以获得学生好感，具有艺术性的表达会对学生产生吸引力。

在课堂的教学活动中，大学语文教师与学生进行互动，最主要的方式就是语言交流，因此，语言的质量与语言的艺术性是非常重要的。高质量的语言表达可以使教学效果更好，并且使学生得到更好发展。大学语文教师所掌握的丰富的知识及能力，都是通过语言表达的方式向学生进行传递的，因此教师的语言质量是非常重要的，它会直接影响学生对于知识的吸收效果。教师应当不断学习与探索，提升自己语言质量及语言表达能力，为学生带来更好的学习体验。

2. 语言艺术能铸造学生良好的品格

大学语文教师通过语言的表达，可以将自己内心的价值观念向学生进行传授，学生可以通过教师语言中所蕴含的道理，来对自身的人格形成更加鲜明的认识。因此，良好的语言质量可以铸造学生良好的品格。教师对学生潜移默化的价值观念熏陶会比教师直接对学生进行教导所产生的影响更大。因此，大学语文教师应当在日常课堂上运用具有艺术性的语言将自己正确的价值观念向学生进行表达，使学生可以受到良好品质潜移默化的影响，并获得良好的思想素养与道德素养。

3. 语言艺术能提升教学质量与效率

教师与学生之间的交流都是通过语言表达的方式来进行，因此，大学语文教师应当注重自己的语言质量。较高的语言质量不仅可以使自己的人格魅力得到提升，也会为学生带来较好的学习感受，并为学生树立正确的榜样，使学生的语言能力得到潜移默化的提升。大学语文教师语言表达能力也会对课堂氛围起到重要的影响作用，具备较高语言表达能力的教师会使课堂得到活跃，并且为学生带来较好的学习体验。学生会更加沉浸在课堂学习中，从而对自身知识的提升有较好的推动作用。较差的语言表达能力不仅会使课堂秩序混乱，还会使学生丧失对学习语文的兴趣。由此可以看出，教师的语言质量直接影响学生的课堂质量与学习效率，因此，大学语文教师一定要注重对自身语言能力的提升。

4.语言艺术能提高师生的思维能力

良好的语言组织能力可以体现出一个人较为清晰的逻辑思维及其人际交往关系，因此对语言能力的锻炼不仅会使自己表达方面的能力得到提升，也可以使人在思考问题方面呈现出更加成熟的状态，学习语言的艺术可以丰富整个人的精神素养，并且提升个人魅力。大学语文教师作为语言能力的传播者，应当严格要求自己，不断找寻提升自己语言质量的方式，使自己的能力可以得到提升，为学生带来较好的学习效果，帮助学生获得更加开阔的思维。

大学语文教师在课堂上对学生进行语言的传授，教师与学生进行语言交流的过程，就是开拓学生思维，丰富学生认知的一个过程。因此，学习语文，离不开对语言的研究。为了使学生可以更好地掌握语言学习，大学语文教师除了单方面传授技巧之外，应当帮助学生设计语言环境，引导自主对语言进行自主探索，并形成较高质量的语言表达与思维分析能力，激起学生思考问题的积极性，使学生的智力得到提升。大学语文教师在对学生进行语言表达时，应当在表达过程中体现出句子的严谨性、语句的合理性以及内容的丰富性，使学生可以获得知识上的提升以及启发式的进步。

（二）大学语文教学中语言艺术的特性

1.教学语言艺术具有科学性

大学语文教师在对学生进行语言教育时，应当遵循科学性与合理性的原则。教师所讲授的知识，应当具备理论依据，而不是凭空捏造，只有具备科学性的语言教育才可以帮助学生更好地进行实践活动，使学生获得知识与能力方面的提升。教师在对课本知识进行讲解过程中，除了需要运用的语言技巧，还应当遵循客观事实，保证自己的语言加工不会过度或夸张，以免对原本的内容造成错误的理解。教师在对内容进行表述的过程中，应当注重语法及句式的正确使用，不可以运用主观意识来对内容进行过度加工或对未作出定论的结果进行揣摩，使学生对知识产生错误的认知。教师在对学生进行知识讲解的过程中，应当运用学生可以听懂的语言和句式，帮助学生对文章有更好的理解。

2.教学语言艺术具有针对性

大学语文教师在课堂上所运用的语言表达应当具有针对性，使学生可以通过教师的表述，对所要掌握的知识产生清晰的认知与了解。教师在为学生制订教学计划时，也应当具备针对性。由于班级中一个教师需要辅导多名学生，因此，不能运用一样的方式来对不同学生进行教育。教师在课程开始之前，应当针对每一个学生都展开清楚的了解与认知，并且针对不同性格的学生制定不同的教学内容，使其可以获得更好的学习感受。教师在针对不同学生进行教导时，应当注重使用不同的语言表达方式，使学生可以更乐于接受教师的建议与指导。为使学生获得更好的学习感受，大学语文教师需要采取以下不同的语言表达方式，来对学生进行针对性教育：

（1）大学语文教师需要明确的是针对不同种类的学科，应当运用不同的语言教导模式。例如，针对学生在文科方面的学习，教师应当运用更加丰富的语言及更具针对性的方式，来使学生对于文章有更好的理解。教师对学生思维的引导，使学生可以对文章自主进行探究并了解到文章中所蕴含的知识。

（2）大学语文教师针对不同性格的学生应当制定不同的教学方式。在班集体中学生对于知识的接受能力是不同的，对于接受能力较强的学生，教师应当对其进行思维拓展的引导，使其可以获得更高层次的知识；针对接受能力较弱的学生，教师应当加强学生对于基础知识的掌握，并帮助学生获得更加稳固的基础。

（3）大学语文教师应当针对不同的课程内容来进行不同的语言教育，运用差别性、针对性的方式，使学生获得更好的知识，并在学习过程中取得令人满意的成绩。教师应当在上课期间对学生较为严厉，督促学生对知识进行牢固地掌握。在课后可以与学生进行亲切自然的交流，并且帮助学生解决心理及情感问题，使学生可以获得安慰，与教师建立起良好的师生关系。

3. 教学语言艺术具有教育性

大学语文教师在对学生进行语言教导时，应当在语言表达中体现出教育性。使学生可以通过教师来获得价值观念的启示，并且树立正确的道德观念。通常情况下，教师在课上对学生进行语言教育，会使学生的接收效果并没有那么好。但是在日常课程教学过程中，教师不经意间所表露出的价值观念，会对学生起到潜移默化的影响。因此，教师应当将培养学生价值观念与道德观念的意识渗透到课程教学的每一个环节，使学生可以获得良好的教育环境。

大学语文教师在对学生进行知识教育的过程中，也需要使学生获得价值观念及思想道德上的提升，为了达到这一目的，教师应当在课堂教学中从三方面入手，来提升学生的道德品质：首先，大学语文教师应当传播积极向上的思维，来使学生获得健全人格；其次，大学语文教师应当运用正面、健康的语言，来对学生进行语言表达的引导，使学生的语言质量可以得到提升；最后，大学语文教师应当与学生建立起友好的关系，对学生有充分的尊重与理解，使学生可以感受到教师的关怀，并获得身心的健康发展。

4. 教学语言艺术具有启发性

大学语文教师通过课堂讲解的方式，可以使学生获得思维能力的锻炼以及专业知识的掌握。但是教师在对学生进行教导的过程中，要注重使用方法，使学生可以具备自主学习与自主探究的能力。这就要求教师在对学生进行教导时，应当运用引导性、启发性的语言来帮助学生进行学习。教师需要在课程正式开始之前，先为学生假设一个语文问题，激起学生想要学习和探究语文的好奇心，从而使学生的思维得到锻炼，并获得自主学习的能力。

大学语文教师在对学生进行引导的过程，应当注重对学生进行基础的示范，使学生可以更加理解教师所提出的问题。并且教师应当在课堂上，为学生留出足够多的自我思考、小组讨论的时间，使学生的思维可以得到较好锻炼。在不断拓展学生思维的过程中，才可以使学生对于自主学习的积极性受到影响，并获得较好的学习感受。教师在对学生进行引导式教育时，目的是为了使学生提升对于学习的参与性与积极性，从而令学生具备自主学习的能力，这对于学生未来的学习发展有着重要的推动作用。

针对语文这门学科而言，语文学科的教学内容有着巨大的关联关系。因此，教师在为学生进行下一节课的引导时，应当联系上节课所学习的知识，使学生可以通过对旧的知识的掌握来探索新的知识。大学语文教师对于学生启发性的教育，会对学生未来的学习发展起着积极的影响作用。如果只是教师单方面地向学生进行知识内容的输出，可能会导致学生对学习语文产生厌烦、疲倦的心理。但是给予学生一个自我思考、自我探究的过程，就会使学生的思维更加活跃，并且对语文的课程内容有更好的理解和认知。因此，语文教师对于学生的启发性教导是非常有必要的，会有助于学生的学习发展。

5. 教学语言艺术具有激励性

学生在学习的过程中，需要教师对其进行正确的引导，并且在学生遇到问题得不到解决的情况下，教师的鼓励会对学生起到重要的激励性作用，可以使学生走出困境，并重拾对学习的自信心。因此，大学语文教师在对学生进行课程讲解的同时，更应当关注学生的情绪变化及心理变化，使学生可以感受到教师的温暖，并获得教师的鼓励。教师有效的语言鼓励可以使学生增强自信心，并且养成积极向上的良好习惯，对于学生的身心发展有着重要的推动作用。

大学语文教师在对学生进行激励的过程中，主要是通过语言表达的方式来重拾学生的自信心，因此教师的语言会为学生带来不同的激励效果。教师在对学生进行激励的过程中，要注重语言表达的正确使用。例如，学生取得较好成绩时，教师应当用夸奖式的语言来对学生进行表扬，使学生建立起对于学习的自信心，并激发其他学生努力学习的热情；当学生遇到困难时教师应当采取激励性的语言来对学生进行鼓励，使学生可以增强自己的自信心，并获得更好的学习效果。如果遇到学生表现不好的情况，教师也不应当对学生进行辱骂或批评，应当先帮助学生找到出现问题的原因，并耐心询问学生的想法。教师先与学生建立起良好的交流关系，再对学生进行正确的引导，使学生可以感受到教师的关怀与鼓励，从而改变自己错误的想法，并树立正确的学习态度。

6. 教学语言艺术具有动态性

大学语文教师在对学生进行知识讲述的过程中，语言表达并不是唯一的方式，还可以通过态势语言的方式来向学生传递知识。通常情况下，教师在进行语言表达的过程中，都会伴随着情绪的变化以及肢体动作的表达。这种通过神情与动作来进行的表达方式，也会对学生起到重要的影响作用。如果教师只是运用语言表达的方式，会使学生感到枯燥。但搭配起有趣的动作和丰富的神情，就会使学生感受到更加生动具体的教学内容，对于学生的发展有着较好的推动作用。

大学语文教师在对学生进行语文知识讲解的过程中，可以运用恰当的神情表达以及合适的动作表达，来使语言表达呈现出更加丰富具体的状态。这样有利于学生对知识的接受，也会帮助学生创造丰富的语言环境，使学生对知识的了解程度更为深刻，并且更容易加强学生的理解能力与思考能力。教师在运用神情表达与肢体表达时，一定要与自己语言表达的情境相统一，这样才可以为学生带来较好的学习感受。

二、大学语文教学语言艺术的实践

语言艺术在大学语文教学的过程中的合理运用，可以推动大学语文教学的更好开展，大学语文教学中语言艺术的运用实践如下：

（一）在大学语文教学中运用语言艺术

在大学语文教学中，教师需要运用具有艺术性的语言，来激起学生学习的热情，并且帮助学生对知识有更好的理解。学生获得的学习效果与教师的语言质量有着直接的关系。因此，教师应当不断提升自己语言表达的能力，并且注重课堂上语言表达的方式，使学生可以感受到语言的魅力，并获得较好的学习效果。大学语文教师在对学生进行知识传授时，应当注重将语言表达与态势语言表达相结合，为学生带来更加生动具体的讲课方式，使学生可以通过教师的语言，也将自身的语言表达能力进行提升，形成对语文学科的热爱，并获得身心的健康发展。

1.注重科学性与形象性的完美结合

大学语文教师在对学生进行语言传授时，应当注重所使用的语言具有科学性。应当使教学内容可以精准地反映出教学目的，不能用模糊性的词汇或方式来向学生进行知识的传授。只有教师将自己的表达方式进行精准化，才可以使学生对于教学内容有更好的理解，并且通过教师的正确讲解与学生的独立思考，从而感受到文章所传递出的情感，帮助学生获得知识和能力上的提升。因此，教师在带领学生进行文章内容分析时，一定要注重语言表达的科学性与精准性，使学生针对知识可以产生较清晰的认知与理解。

大学语文教师应当具备高度凝练语言的能力，将复杂难懂的知识，可以通过简单的方式向学生进行讲解，帮助学生获得更好的学习感受。教师在对学生进行知识传授的过程中，最重要的就是通过个人的知识及人格魅力，来使学生对于这门课程产生兴趣，因此，教师应当不断完善自身的能力，通过语言表达的方式吸引学生的注意力，并且使学生对语文学科产生浓厚的兴趣，进而激发学生的学习热情。大学语文教师在对学生进行课程讲解时，应当运用丰富的语言表达与肢体表达，使学生对于文章中的情感有更好的接受，并对学生进行帮助。在学生遇到困惑时，及时帮助学生解决问题，使学生可以获得更好的学习感受。

2.注重教育性和审美性的共同运用

在传统的语文教育体系中，注重以情感人，通过情感的方式来使学生获得更好的学习感受，要求教师可以运用有感染力的语言和方式，来使学生获得情感上的共鸣，并且引导学生进行学习。优美的语言，可以为人带来较高的教育性与审美性，通过受教育的方式，可以使个人的思想品质得到提升，从而形成健全人格。教师良好的教育，可以使学生的身心得到健康发展。学生可以通过阅读文学资料的方式来感受文学的魅力，并且提升自己的审美能力。在对文学作品进行欣赏的过程中，学生的思维得到锻炼，并且受到较高文学价值作品的熏陶，使自己的文化底蕴提升，获得启发性的教育。因此，无论是教师对学生进行的教学活动，还是学生独自阅读的文学作品，都可以对学生的发展起到积极的影响作用。大学语文教师应当鼓励学生进行自主学习，并对学生进行正确的引导，使学生可以树立正确的价值观念与道德观念，通过受教育的方式，实现身心的健康发展，并获得能力上的提升。

我国传统文学中，不仅体现了语言的优美性，而且对现实的写实，可以使学生的情感得到共鸣，对学生学习语文起着积极的推动作用。在现代的语文教学内容中，仍然将我国古代的文学作品进行介绍，这体现了我国文学作品有着较高的教育性与审美性，不会受到时间、空间的限制，教师通过对学生进行正确引导的方式，使学生可以形成语文思维。在学习和鉴赏语文作品时，最重要的就是不同语境中的同一词语所表示的含义是不同的，这需要学生结合语境来对词语进行分析。在思考过程中，学生的阅读能力、理解能力及欣赏能力都得到极大的提升，学生的思维也得到拓展，对学生形成良好的语文思维起着重要的推动作用。在对学生进行语文方面的教导时，大学语文教师应当注重提升学生的审美能力，使学生可以通过阅读优美文章的方式，来提升自己的文化底蕴，并且获得较丰富的知识积累。审美能力是在不断学习与不断鉴赏中形成的，因此教师应当告知学生学习语文时积累的重要性。只有通过不断地学习与探索，才可以将语文知识掌握得更加扎实，并且使自身的能力得到较高提升。

3. 注重语言的规范严谨与风趣幽默

大学语文教师在课堂上对知识讲解所使用的语言，应当具有科学性与精准性，使学生可以形成正确的理解，使其认识到词语使用的严谨性，避免对学生产生错误的引导。大学语文教师使用语言的准确性使教师对自身有更加严格的要求，并且在对学生进行讲解之前，应当对课程内容进行熟悉与练习，通过不断分析的方式找到文章所要表达的真正含义。在课程开始时，通过精练简短的语言方式来帮助学生获得对文章较好的理解。

大学语文教师在对学生进行课堂讲授时，应当注重运用普通话的方式来对学生进行讲解。由于我国民族众多，因此，在语言方面呈现出多样化，会导致不同地区有不同的语言使用。为使课堂得到统一性与规划性，教师应当运用普通话的形式，来对学生进行课程的讲解与传授。大学语文教师不仅需要自己使用普通话来对学生进行知识的讲解，更应当帮助学生学习普通话，通过统一的语言方式来进行交流，有助于同学之间形成良好的交往关系。因此，教师有义务帮助学生进行语言规划及语言教导，更需要严格要求自身，为学生树立良好的榜样。

语言的正确使用不仅需要教师对词语有精准的掌握，更需要教师针对语文语法方面有明确的应用。由于语文是一门复杂的学科，因此教师应当注重修辞手法的使用，通过合理的教学手段来对文章的内容进行分析。大学语文教师要注重语言使用的正确性，为学生带来较好的学习效果。如果教师运用的语言表达存在模糊和错误性，会导致学生在学习时遇到障碍，并且造成学生思维的混乱，产生严重的影响。因此，教师语言的正确性直接影响着教学质量与学生接受知识的效果。大学课堂的教学，要求教师应当具有高度凝练语言的能力，使学生可以获得较好的学习感受，并对教师所讲解的文章有更好的理解。

一名合格的语文教师会在语言表达上呈现出清晰性、明确性，并且通过有趣的方式，来使学生获得较好的学习感受。大学语文教师在对学生进行知识传授中最重要的就是激起学生学习的兴趣，使学生愿意自主参与到学习过程中，才可以使学生获得更好的学习感受，有助于学生长远的发展。教师在语言表达上不仅需要具有准确性，还需要具有幽默感。只有有趣的语言表达方式，才可以将枯燥的教学内容变得更加生动形象，吸引学生学习的注意力。因此，教师需要具备精准性、幽默性，才可以使教学活动呈现出更好的教学效果，为学生带来较好的学习感受。

幽默风趣的语言能缓和紧张气氛，缓解对立情绪，创造一种使师生双方心情舒畅的教学环境。幽默是一种艺术，是智慧的优雅表现。大学语文教师在针对具体教学内容开展相关知识讲述时需要满足当今社会范围内学生新的接受特点，在固有的知识内容中加入趣味性的教学方式或讲述语言，可以有效提高学生对学科知识注意力集中的程度，使原本理论性较强的知识内容可以更易于被学生感知接受。

伴随学习知识难度和层次的提升，学生对各学科的讲授教师的实际教学能力也会有更高的心理期待。学生在教师具备的各方面教学能力中对是否具有趣味性讲解语言的关注，远超对教师自身专业教育技能和是否对学生有个性化关注目光的看重。因此，如果教师可以结合学生对课堂教育氛围的新要求加入趣味性讲解方式，可以使学生对固有学科知识的吸收效率明显加快。

教和学的关系，往往使师生之间产生距离，而教师的幽默可以消除师生之间的隔阂，缩短心理上的距离。大学语文教师可以在正常知识讲解流程顺利开展的过程中采用一些趣味性的语言技巧，运用一些幽默效果较强的语言表达方式和词汇，这样学生在接触原本学科知识内容的基础上，还可以额外接触到更多语言的表达技巧和话语阐述方式。

（二）在大学语文课堂提问中运用语言艺术

无论是讲解新的知识概念还是对前面学习内容的练习题目进行讲述，都需要有提问环节，这是使课堂整体教育流程更为完整的必要部分，也是衡量教师实际教学技能的主要表现区域。"问题意识对于很多学生来说都是难能可贵的，问题意识的重要性在于能够有效帮助学生开展一系列的思维创新与拓展。"[1]在适宜的教学环节展开提问可以及时吸引学生的关注目光，判断学生感知学科内容时的情绪态度和掌握程度，这也是调动学生关于

---

① 侯丹.大学语文创新教育研究[M].长春：吉林人民出版社，2020.

问题内容有效发散思维的方式。大学语文教师可以借助对学生开展课堂提问，增进与学生之间的交流度和亲近感。

借助对学习的知识内容开展提问的形式可以衡量学生各方面的学习综合素养，调动学生将积累与问题有关的知识充分调动融合，通过知识理解深度的增加总结更多技巧提升语文学科学习技能。在大学语文课堂提问中运用语言艺术，应处理好这四种关系：①点与面的关系。语文教师讲解相关知识内容应以班内全部学生作为主要对象，因此提问环节涉及的知识概念点也应是大多数学生可能会存在疑问的区域。②难与易的关系。在每节课对难度层次不一致的概念内容进行教育时，开展提问环节前应先对学生的基础知识掌握量和知识吸收速度进行了解，尽量将难度较高和复杂的内容进行转化拆分。③曲与直的关系。语文教师提出的问题类型应更为丰富，既应有基础性的判断性内容也应有需要思维调动分析的部分。④多与少的关系。语文教师讲课过程中衡量实际教学效果是否优质并不在于提问次数的多少，应将提问环节设置在更具实际价值的区域。语文教师要努力创造条件，根据所传授的知识特点精心设置问题，让学生讨论、交流，是激发学生去发现、去研究的一种有效方法。大学语文教师在课堂提问中可采用以下艺术方法：

第一，激发性提问法。通过语文教师在全部教学时间范畴内对提问环节的经验总结，将问题的内容与调动学生思维能力的运用相联系。最终提问环节的实际效用应向启发学生调动联想力将关联度较高的知识整合吸收的方向发展，在整个课堂教学环境中形成氛围感更积极的学习空间。

第二，逆向思维提问法。提倡语文教师将问题内容的设置和形式的开展不断丰富改变是不想让学生有应对的机械性思维模式养成，在学生对学科知识思维调动次数和思考模式不断丰富后，可以形成反向的问题思考模式，增加应对考试问题的经验技能。

第三，类比提问方法。在正常的学科知识讲解流程中耗费较多时间在教学目标设置中的重点知识概念和难度较高的理论内容，可以确保学生知识内容掌握的有效性，如运用类比式的概念对比方式可以达到对知识深刻记忆的目的。同时语文教师还须明确在正式教育行为开始前开展提问环节的重要性。

第四，逗趣式提问方法。语文教师使用更具趣味性的问题语言可以使学生对语文学科中语言运用方式的感受程度增加。教师针对每节课不同的学习内容，设置联系性较强的问题环节，可以使学生心理层面对知识的印象点更加深刻，有效提升学生对理论性知识概念深入探索的兴趣感。

第五，开放性提问法。在一些语文课本中有部分故事内容是开放式的发展脉络，许多教师会根据情节进行的阶段向学生进行提问，主要内容是关于课文中假设情节出现后是否会对最终结果有所改变，或是关于设置怎样的事件可以使人物有更好的结果，这类问题对学生思维的开展程度有极大的拓展。虽然假设性的问题无论怎样进行，可能都不会改变课文中主人公的价值选择，但学生是否可以提出一些有决定意义的假设事件，是衡量其对学科课文内容理解层次和想象思维能力运用状况的主要依据。

第六，辐射式提问法。在语文课堂知识教育过程中还有一种问题类型并不具备同一的答案模板，只是起到启发学生丰富思考视角的作用。如在学习议论性的课文类型时，语文教师可以在学生掌握基础性的文章构成原则后，以一些经典型的议论话题为引导，让学生进行创作改动调整论题思考的角度等。这种开放式的问题设置方式是激发学生想象力运用和创新思维融入的有效手段，并且在原本对课文进行内容剖析理解的基础上，还可以进行仿写练习加深对知识的记忆点。

第七，抓住关键提问突破法。语文教师在固定的知识讲解时间内是否有核心类问题内容的设置，直接影响学生吸收的实际效果。如果教师可以在课前教案内容的撰写阶段明确重点性的吸收知识概念的问题，可以帮助学生将与该知识有关的其他学科内容进行综合调动，丰富学生固定的解读知识概念的思维模式。

第八，蚕食鲸吞法。如果语文教师设置的问题内容难度层次较高，会使学生耗费的思考时间较长时，教师就需对问题进行难度和内容层次的拆分。将其转化为结果一致的小问题可以有效避免学生对学科在心理层面产生抗拒感，最终将对全部小问题的结果和思考过程进行整合和认识判断提升。既达到学生对课文内容深度理解的目的，也可以锻炼学生对零散类知识概念的总结技能。

第九，循序渐进提问法。语文教师在每节学科知识教育课堂中的全部提问内容都需要对其难易程度进行划分，一些理解难度性较高的问题不能直接要求学生立即作答。这样会极大增加学生对该学科心理层面的抗拒感和压力感，也无法达到扩展学生语文学科思维模式的目的。只有将难以理解的问题进行层次划分，让学生根据知识内容的构成特点逐步分析才能取得最佳效果。

第十，暂时搁置法。暂时搁置的提问方式普遍适用于问题内容难度性较高的类型，在预先设置问题时教师就可以预测学生无法在短时间内得到正确结果的思考。对于这种问题，如果教师依然在讲述知识内容时对学生询问，只能使课堂中原有的教学顺序和讲解节奏被打乱。这种难度层次的问题只能暂时放置，等学生对该类知识概念有更深层次的掌握后再进行提问作答。

第十一，疏导式提问法。针对这种知识概念讲述过程中的常见问题，语文教师可以针对学生无法回答的问题内容设置与其内容相关联但更简单的提问，借助问题讲述方式的转变达到启发学生思考角度的效用。还有一些文章中经常会有较长的叙述性句子，学生在理解其描述内容时会难以对句子成分进行划分，针对这种长度的句子教师可以先从其中标志性词语的搭配原则入手进行层次划分。对难度较高的问题类型也不需要直接向学生出示答案，可以借助问题内容转化的方式降低回答思考难度。

（三）大学语文教学中语言艺术有效提升的路径

1. 树立优化语文教学语言的意识

大学语文教师在对学生进行知识讲授的过程中，最重要的就是运用合适的语言来帮助学生进行学习，因此，教师的语言质量会对学生的发展起到至关重要的作用。语文教师应当不断学习和钻研，找到学生更能接受的方式来与学生进行交流，并且关注学生的情感变化，给予学生充分的关怀，使学生可以获得身心的健康发展。

通常来讲，教师是对学生成长影响最大的角色，学生大部分的时间都是在学校，并与教师展开良好交流，教师应当注重对学生学习和生活的关怀，使学生可以感受到教师的关怀和理解，更愿意相信教师，有利于促进教师和学生之间的友好关系。大学语文教师主要培养学生语言方面的能力，因此教师应当在课上给予学生充分表达的机会，并且为学生设立交流小组，使学生之间可以相互帮助，共同获得能力上的提升。

在对学生进行语言方面的教学活动中，大学语文教师应当帮助学生记忆语言学习的技巧，但是这是远远不够的，需要学生具有一定的语言天赋和不断地刻苦练习，才可以使自身的语言能力得到提升。学生更应当在教师传授完技巧之后，自主进行钻研，使自身获得能力上的提升。

为使学生养成良好的语言习惯，大学语文教师应当注重自己日常生活中的言语表达，减少口头表达，使学生可以受到潜移默化的语言影响，有效提升自身的语言能力。教师应当不断完善自己的语言质量，对自身有严格的要求，使学生拥有良好的语言学习环境，调动学习的积极性，使学生以教师为榜样，获得语言能力的提升。教师应当不断地学习，努力做到更好。

2. 积累语言素材、储备广博知识

大学语文教师相较于其他学科的教师会在语言表达方面更具有优势，因此，学生会对语文教师所讲解的知识有更好的理解。教师应当在平时课堂上，对学生进行语言方面的引导，使学生不仅可以提升理解能力，也可以将自己的语言表达能力进行提升。教师应当为学生树立正确的榜样，并教会学生语言表达的技巧，使学生可以了解到语言使用的魅力，并且通过学习语文的方式，使自己的语言表达能力得到更好的展示，从而把自己的思维想法可以更好地传递出来，并且运用适宜的方式与其他学生之间建立起良好的情感关系。

要想具备高质量的语言表达能力，就应当注重语言素材的积累，大学语文教师只有具备丰富的知识，才可以灵活运用语言表达能力，使自己的情感得到更好的展示，由此拉近与对方之间的关系，为他人带来良好的交流感受。因此，掌握语文语言的重点在于对语言素材的积累以及拓展知识储备。

语文教材为大学语文教师对学生进行教育提供良好的理论基础，教材所包含的内容是多位优秀教师及教育研究学者共同决定而制定的课程大纲，对学生的发展起着科学的影响作用。因此，教师在对学生进行教育的前提下，应当尊重语文课本的知识内容来使学生获得更好的学习感受，但是教师不能只对语文课本上的知识进行讲授，更应当提出创新式的教学方式，使学生可以获得较丰富的学习感受，从而产生对语文学科学习的热爱。因此需要教师具备较高的专业水平以及较强的创新能力，通过自身的课题设计，吸引学生的注意力，帮助学生获得更好的语文学习感受。

　　针对语文这门学科来讲，大学语文教师要为学生提供更高质量的教学，就应当不断地进行学习和探索，并对自身提出更高的要求，使自身的知识可以得到不断地丰富与巩固，帮助学生解决更多的问题。语言学科的学习是一个长期过程，教师应当注重日常生活中的积累，并且针对生活中所出现的实际问题与理论知识相结合，从而解决问题为自己积累教学经验。

　　3. 注重语文教师的心理健康与职业道德

　　大学语文教师应当对学生的人格品质进行良好的教育，教师只有具备优秀的品质，才可以更好地教导学生，为学生塑造更好的人格。教师需要对自身形成严格的道德追求，用自身的实际行为来为学生树立正确的学习典范。教师有着重要的社会使命，因此，教师行业的人员会呈现出较大的精神压力，这需要教师具备自我调节的能力，可以将自身的消极情绪化解，并为学生营造积极向上的学习氛围。

　　大学语文教师在不断丰富自身知识的同时，更应当注重个人情感的调节。为了使自身的心理得到健康发展，教师需要不断参与户外活动，使自己的性格可以得到较为积极的影响。教师将学习知识和锻炼身体同时进行，自身的身心都可以得到较好的发展。由于教师需要不断地学习，因此其情绪会受到影响，适当的户外活动可以使其身心得到较好的调节，有助于教师的心情得到放松。

　　大学语文教师不断地学习知识，不仅可以使自身的专业能力得到提升，更可以使自身的道德修养得到有效提升。高尚的人格是会绽放人格魅力的，教师的良好品质会影响学生今后的价值观念，并帮助学生指引正确的道路，使学生找到前进的动力，有利于师生之间友好关系的建立。良好品质会使教师更加注重学生的真实感受，为学生进行更好的价值指引，使学生掌握丰富知识的同时，也会对个人的修养加以重视。教师对学生充分的关怀，会使学生感受到教师的情绪感染，使学生更愿意与教师展开良好的交流。

　　4. 精心备课，处理好预设与生成关系

　　大学语文教师在为学生进行课程讲解前，应当将课程内容进行充分的设计。当今时代的教学不同于传统意义上的教学模式，更加注重学生的课堂主体地位。教师应将课上更多的时间留给学生进行交流和互动，使学生的语言能力得到更好的锻炼，并给予学生更多自主选择的权利。

　　大学语文教师在与学生之间进行交流的过程中，有时是教师和学生之间进行互动，但还有一部分时间是教师对学生进行知识的讲解和教学方法的引导。处于这一环节的语言表达就需要教师所使用的语言丰富，充分吸引学生注意力，帮助学生对知识有更好的理解。教师语言的质量直接影响学生接收知识的效果，因此教师一定要注重自己的语言质量，给予学生更好的学习感受。当教师和学生进行互动交流的时候，需要教师注重给予学生充分的尊重，使学生可以感受到平等，才会促进教师和学生之间开展较好地交流。教师在制定教学任务时，需要询问学生的建议，使学生感受到充分的尊重，才会对教师开展的教学活动感兴趣，并获得知识和能力上的提升。

大学语文教师和学生进行互动式教学活动时，教师应当给予学生充分展现自我的机会，使学生的想象力和创造力得到较好的展现，这对培养学生养成自主学习的习惯有着良好的推动作用。教师不能将学生的学习模式固定于自己的想法中，应当使学生感受到教学任务是自己的事情，学习可以使自己的能力得到提升，对自身发展是有利的，这才是教育的目的。

大学语文教师在制订课前教学计划时，应当以学生为发展前提，围绕着学生的切实感受来制订教学计划。这就要求教师需要对每一个学生的学习经历以及生活有较深的了解，才可以针对不同的学生制订不同的教学方式。教师应当帮助学生解决难题，在学生需要帮助的情况下，为学生带来较好的教学感受。教师在解答学生的随机问题时，可以使自身的应急能力得到很好的锻炼。

大学语文教师需要具有随机应变的能力，学生不可能按照教师事先预定的教学计划进行学习，因此，教师应当随着学生的学习效果转变自身的课程模式。不能为了课程按照自己的节奏进行，就对学生进行限制，使学生获得不好的学习感受。

5.培养有个性和艺术性的教学语言

大学语文教师在对学生进行教学的过程中，不能只针对课本上的知识进行简单的讲解，更应当将自己独特的理解加入基础知识的传授过程中，并且运用创新式的方式，为学生带来更好的学习体验。教师应当灵活运用语言技巧，来为学生带来更好的学习感受。要想为学生留下印象深刻的教学，大学语文教师就应当设计具有特色的课程内容，并且灵活使用语言技巧来为学生带来更好的教学感受。大学语文教师应当跟随时代步伐，为学生提供具有实时性的事件分析，吸引学生的注意力，从而使其全身心地投入课程学习中，这对于教师与学生都起着积极的影响作用。大学语文教师在对学生进行教学的过程中，应当充分发挥自身的个性，以积极向上的态度来调动学生的学习积极性，帮助学生构建良好的学习环境，使学生的身心发展以及专业知识都能得到有效提升。

6.学习观摩并在语文教学中加强训练

大学语文教师要想使自身的能力得到较好提升，就不能将自己的发展限制在语文这一个领域中，应当对其他学科的教学内容也有所了解，学科与学科之间都有着紧密的联系，对其他学科的了解，可以使语文教师的全面能力得到提升。语文教师为了使自身的能力可以得到质的成长，需要向自己更优秀的教师进行请教，正视自己的不足和缺陷，不断完善自身。在向比自己优秀的教师进行学习的过程中，语文教师可以获得前进、努力的动力，促进教师朝着更好的方向进行发展。语文教师可以将优秀教师的课程进行录制，在空闲时间进行观摩，找到优秀教师的课程节奏的把握和对学生情绪的调动。但需要注意的是，不是好的方法就会产生好的教学效果，需要教师根据自己学生的特征来制定适宜的方法。

社会的不断发展对大学语文教师提出了更高的要求，只有具备全面的综合能力才可以使学生更加信服。因此，大学语文教师需要时刻关注社会上的实时话题，为学生带来新鲜的话题，拉近与学生之间的距离。语文教师需要不断提升自己的语言质量，为学生带来语言的艺术欣赏，使学生可以感受到语言的魅力，这对推动教师在学生心目中树立起伟大形象有着积极的影响作用。

参考文献

［1］刘喜广，赵国玺．谈大学语文教材的创新［J］．长春工业大学学报（社会科学版），2011，23（5）：126–128.

［2］戴从喜．试论大学语文教学中的写作渗透［J］．上海第二工业大学学报，2011，28（3）：253–258.

［3］乔军豫．课改视域下大学语文课程思政探析［J］．林区教学，2021（10）：27–30.

［4］李军，隆滟，陈茜，等．大学语文课程建设与课堂教学实践探索［J］．西安文理学院学报（社会科学版），2022，25（1）：79–82.

［5］王红光．大学语文教学改革之我见［J］．科技展望，2014（21）：81.

［6］周婴霞．语文教师如何在听课和评课中成长［J］．中学教学参考，2012（28）：23.

［7］龚贤武．大学语文专题化教学模式探索［J］．文学教育（下），2012（10）：42–43.

［8］陈金晶．大学语文智慧课堂教学模式的创建与应用研究［J］．佳木斯大学社会科学学报，2021，39（2）：219–222.

［9］李超．翻转课堂教学模式的大学语文教学［J］．山海经：故事（上），2019（5）：108.

［10］张亦婧．慕课视角下大学语文翻转课堂教学模式研究［J］．高考，2018（35）：20.

［11］孙丽丽．翻转课堂在大学语文教学中的运用［J］．吉林教育，2016（9）：3–4.

［12］张巍．教育信息化背景下大学语文教学策略的变革［J］．数码设计（上），2020，9（4）：177–178.

［13］邵子华．大学语文教育学［M］．北京：人民文学出版社，2016.

［14］侯丹．大学语文创新教育研究［M］．长春：吉林人民出版社，2020.

［15］王双同．大学语文教育研究［M］．北京：中国商务出版社，2019.

［16］窦璐．探究新时期大学语文教师素养的有效建构［J］．科学大众（科学教育），2019（12）：183,41.

［17］魏欣．提升大学语文教学质量初探［J］．北极光，2019（3）：145–146.

［18］杨吉春．大学语文教师专业发展研究述论［J］．现代教育科学，2010（5）：

131–134.

　　［19］杨吉春，赵丽光.大学语文教学模式改革研究述评［J］.现代教育科学，2010（1）：61–65.

　　［20］周敏.文化生态学观照下大学英语教学中文化教育的思考［J］.教育探索，2012（3）：56–57.

　　［21］王海英，董义连.“生态化”视角下的大学语文课堂［J］.内蒙古师范大学学报（教育科学版），2010，23（3）：90–92.

　　［22］程嫩生，陈海燕.论大学语文教学与大学生人文素质培养［J］.中国成人教育，2010（21）：95–97.

　　［23］周琳娜，任树民.重视“语言”教学：大学语文教学新探索［J］.中国成人教育，2011（17）：153–154.

　　［24］杨柳.新媒体时代下大学语文教学改革策略探究［J］.信息记录材料，2018，19（9）：205–207.

　　［25］陈晓波.文学鉴赏教学过程中应重视文学的情感性［J］.文化创新比较研究，2018，2（26）：61–62.

　　［26］党红琴.语文教学中培养学生可持续发展能力的着力点［J］.教学与管理（理论版），2009（5）：126–127.

　　［27］张莹.大学语文教学语言艺术探究［J］.语文建设，2017（30）：11–12.

　　［28］余国良.大学语文教学对话的困境及其突破［J］.教书育人（高教论坛），2016（18）：104–106.

　　［29］郝晓辑.语文教育与文学素养研究［M］.北京：中国纺织出版社，2019.

　　［30］袁芳.大学语文教学理念与人才培养模式探索［J］.产业与科技论坛，2016，15（9）：184–185.

　　［31］黄小燕，刘文岩.写作素养与时评教学［M］.广州：新世纪出版社，2020.

　　［32］何英，牛景丽.感受百年母语变迁 体悟优雅汉语表达：漫谈大学语文现代文教学［J］.河北工业大学学报(社会科学版)，2012，4（2）：16–20.